AI와 진로 탐색

AI문고

인공지능 시대입니다. 기계가 인간의 인지를 대신하고, 사물이 인간을 통하지 않고 다른 사물과 직접 커뮤니케이션합니다. 이에 따른 인간 삶과 문명 변화를 정확히 이해·예측·대응하는 것은 이 시대 우리 모두의 과제입니다. AI문고는 인공지능 기술과 환경의 여러 주제를 10가지 키워드로 정리합니다. 관련 개념과 이론, 학계와 산업계의 쟁점, 우리 일상의 변화를 다룹니다. 인간과 기술의 현재, 미래를 세심히 분석합니다.

일러두기

- 인명, 작품명, 저서명, 개념어 등은 한글과 함께 괄호 안에 해당 국가의 원어를 병기했습니다.
- 외래어 표기는 현행 어문규정의 외래어표기법을 따랐습니다.

처음이세요?

전문가세요?

AI와 진로 탐색

장혜진

대한민국, 서울, 커뮤니케이션북스, 2025

AI와 진로 탐색

지은이 장혜진
펴낸이 박영률

초판 1쇄 펴낸날 2025년 8월 22일

커뮤니케이션북스(주)
출판 등록 2007년 8월 17일 제313-2007-000166호
02880 서울시 성북구 성북로 5-11
전화(02) 7474 001, 팩스(02) 736 5047
commbooks@commbooks.com
www.commbooks.com

ISBN 979-11-430-0777-3 03500

책값은 뒤표지에 표시되어 있습니다.

차례

AI 진로를 향한 여정

AI와 함께 살아가는 첫 세대의 질문들

AI는 더 이상 미래의 기술이 아니다. 지금 이 순간에도 우리는 AI와 함께 일하고, 배우고, 살아가고 있다. 채팅창 속 추천 알고리즘에서부터 자율주행, 의료 진단, 신약 개발에 이르기까지, AI는 이미 우리 사회 곳곳에 깊숙이 스며들었다. 그리고 이 흐름은 이제 직업과 진로의 지형도까지 바꾸고 있다.

우리는 AI와 함께 살아가는 첫 세대다. 스마트폰의 음성 인식부터 챗봇, 자동 번역, 자율주행까지, 이미 AI는 우리 일상에 깊이 들어와 있다. 그런데 이 기술을 우리는 얼마나 이해하고 있을까? AI의 빠른 발전 탓에 인간의 이해는 계속 뒤처져 있다. 특히 진로를 고민하는 학생들에겐 더욱 막막할 수 있다. 우리는 AI 시대에 어떤 진로를 꿈꿔야 할까? 무엇을 준비하고, 어디서부터 시작해야 할까? 전공자든, 이제 막 관심을 갖기 시작한 진입 희망자든 공통으로 필요한 것은 단순한 정보가 아니라 실제적인 방향 감각이다. 기술은 빠르게 진화하지만, 개인의 선택은 그보다 더 깊은 성찰과 계획을 필요로 한다.

AI는 단순한 기술이 아니다. 그것은 문제를 바라보는 새로운 시선이자, 다양한 분야를 잇는 언어다. 우리는 AI를 직접 개발할 수도 있고, 그것을 활용해 새로운 서비스를 만들 수도 있다. 혹은 소비자이자 시민으로서 AI의 영향을 받으며 살아간다. 그러므로 AI를 안다는 건 단지 프로그래밍을 배우는 게 아니라, 변화하는 시대의 흐름 속에서 '나'의 위치를 고민하는 일이다.

이 책은 AI 분야로 진로를 설계하고자 하는 이들에게 현실적이고 구체적인 길잡이가 되고자 한다. 단순히 AI가 무엇인지 설명하는 데서 그치지 않고, 그 안에서 어떤 역량이 요구되는지, 그 역량이 어떤 진로와 연결되는지를 정리한다. 다양한 역할과 진출 가능성을 나열하는 것이 아니라, 독자가 스스로 선택지를 비교하고, 자기만의 방향을 그릴 수 있도록 돕는 것이 목적이다.

이 과정에서 중요한 것은 전체를 하나의 흐름으로 바라보는 시각이다. AI는 기술이지만, 동시에 커리어의 언어고, 삶의 선택이다. 이 책은 그 흐름을 따라가며 독자가 기술과 진로의 교차점에서 자신만의 지도를 그릴 수 있도록 안내한다. AI 시대의 커리어 지형은 넓고도 복잡하지만, 각자의 출발점에서 나아갈 수 있는 길은 분명히 존재한다. 이 책이 그 첫걸음을 함께하는 동반자가 되기를 바란다.

길은 하나가 아니다: 유연한 커리어의 시대

AI 분야에서 진로는 단선적인 사다리가 아니다. 오히려 갈래가 많고 방향 전환이 자유로운 입체적 지도에 가깝다. 예전처럼 '학사 → 석사 → 박사 → 연구소 취업' 같은 한 줄짜리 경로만 존재하지 않는다. 요즘의 커리어는 전공, 직무, 산업 영역을 넘나드는 이동이 자연스럽고, 때로는 그것이 경쟁력이 되기도 한다.

예를 들어, 비전공자라도 충분히 AI 분야에 진입할 수 있다. 인문사회 계열을 전공한 학생이 데이터 리터러시를 학습해 AI 윤리 분야에서 활약하거나, 디지털 리터러시 교육을 설계하는 교육 전문가가 되는 식이다. 오히려 기술의 영향력이 넓어질수록, 다양한 배경을 지닌 사람이 더 많이 필요해진다. 기술 자체보다 '어디에 어떻게 쓸 것인가'를 고민하는 영역에서는 오히려 다양한 관점이 강점이 된다.

산업 현장에서 축적한 경험을 기반으로 AI에 진입하는 사례도 많아졌다. 특정 산업의 구조, 고객 행동, 문제 특성을 잘 아는 사람이 AI 기획자로 전환되기도 하고, 기술 팀과 현장을 연결하는 다리 역할을 맡기도 한다. 예를 들어 제조 분야에서 오래 일한 전문가가 스마트팩토리 AI 시스템을 도입하는 프로젝트를 리드하거나, 의료 현장의 간호사가 데이터 기반 진단 보조 시스템 설계에 참여하는 경우도 있다.

중요한 건 스스로의 경로를 하나로 제한하지 않는 유연한 태도다. 처음부터 완벽한 계획을 세우기보다 작게 실험하고 경험하면서 방향을 조정해 나가는 것이 AI 시대에 더 잘 맞는 전략이다. 짧은 교육 프로그램, 인턴십, 공모전, 사이드 프로젝트 등은 '작은 전환점'이 되어 커리어의 지도를 넓히는 데 도움이 된다.

결국 커리어는 완성된 그림이 아니라, 지금의 선택과 시도들이 이어져 만들어지는 여정이다. 그리고 그 여정은 절대 하나가 아니다. 특히 AI처럼 다학제적이고 확장성이 큰 분야일수록, 다양한 배경과 경험을 가진 사람들이 함께 모여 새로운 지형을 만들어 가게 된다. 내 출발점이 어디든, 갈 수 있는 길은 생각보다 훨씬 많다.

기술이 아닌 삶의 관점에서

이 책은 진로 탐색을 넘어, '자기 탐색'의 도구로 AI를 제안한다. 여기서는 단지 AI 관련 직업을 소개하는 데 그치지 않고, AI가 작동하는 원리부터, 그것이 우리 사회에 미치는 영향까지 폭넓게 다룬다. 10개의 장은 각기 독립적이지만 유기적으로 연결되어 있으며, 기술의 흐름과 인간의 고민을 함께 짚는다.

1장: AI의 출발선, 기초 역량

AI를 이해하려면 단지 정보만 아는 것이 아니라, 스스로 탐색하고 연결할 수 있는 태도가 필요하다. 디지털 리터러시와 자기 주도 학습이 중요한 첫걸음이다.

2장: AI의 재료, 빅데이터

AI는 데이터를 먹고 자란다. 데이터를 수집하고 정제하며, 그 속에서 패턴을 찾는 일은 AI의 핵심이다. 데이터가 어떻게 AI를 움직이는지 살펴본다.

3장: AI의 뇌, 수학

수학은 AI가 사고하는 방식이다. 선형대수, 미분, 확률통계는 단순한 공식이 아니라, 데이터를 수식으로 표현하는 '언어'다. 수식을 통해 세상의 규칙을 어떻게 모델링하는지를 직관적으로 풀어 본다.

4장: AI의 손, 코딩

코딩은 AI를 구현하는 실천 도구다. 단지 문법을 익히는 것이 아니라, 파이선(Python)으로 문제를 해결하고, 작은 AI를 직접 만들어 보며, '손으로 배우는 AI'를 경험한다.

5장: AI의 기준, 윤리

AI는 기술이지만, 그 결과는 사람에게 영향을 준다. 편향, 감시, 책임 같은 이슈는 AI의 설계 못지않게 중요하다. 우리는 어떤 기준을 가져야 하는가를 묻는다.

나만의 길을 찾는 AI 진로 지도

AI는 하나의 직업이 아니다. 다양한 분야에서 일의 방식 자체를 바꾸는 기술이다. 그렇기 때문에 AI를 전공하지 않더라도, AI를 이해하는 건 커다란 경쟁력이 된다. 이 책의 후반부는 AI와 함께할 수 있는 여러 진로의 모습과, 기술을 넘은 삶의 방향까지 함께 그린다.

6장: AI의 무대, 진로 안내서

AI를 활용할 수 있는 무대는 점점 넓어지고 있다. 이 장은 AI로 무엇을 해 보고 싶은지 질문하며, 다양한 커리어 흐름을 조망하는 출발점이다.

7장: AI의 현장, 산업 융합

의료, 금융, 교육, 예술 등 실제 산업에서 AI는 어떻게 문제를 해결하고 있을까? 나의 관심 분야와 AI가 연결되는 실전 사례들을 소개한다.

8장: AI의 전문가, 모델러와 연구자

모델을 설계하고 개선하는 일은 고도의 전문성을 요구한다. 이 장은 대학원 진학, 연구 기관, 글로벌 진출 등 AI의 '깊이'를 탐색하는 길을 안내한다.

9장: AI의 기획자, 창업과 서비스

기술을 현실에 구현하는 창업과 기획은 또 다른 가능성이다. 문제 정의에서 설루션 설계, 시장 진입까지의 흐름을 따라가며, AI 기획자의 역할을 들여다본다.

10장: AI의 시대, 인간의 길

결국 AI 시대의 중심엔 기술이 아닌 인간이 있다. 이 장은 삶과 직업을 넘어, '나는 어떤 삶을 살고 싶은가'를 성찰하며 여정을 마무리한다.

01
AI의 출발선, 기초 역량

AI는 어디서부터 시작해야 할까? 수학, 데이터, 프로그래밍 중 무엇을 먼저 배워야 할지, 무엇이 더 중요한지 고민하는 학생들이 많다. 사실 AI의 기초 역량은 별개의 조각이 아니라 하나로 연결된 퍼즐이다. 대학 초반부터 기초를 강조하는 이유는 여기에 있다. 데이터, 수학, 프로그래밍이 AI에서 어떤 역할을 하고, 왜 함께 다져야 하는지 안내한다.

AI와 1인 창업?

AI, 어디서부터 시작해야 할까?

"AI를 배우고 싶은데 무엇부터 시작해야 하나요?"

"수학부터 해야 하나요? 아니면 코딩부터요?"

AI 분야를 처음 접하는 학생들과 상담하면서 가장 자주 듣는 질문이다. AI에 관심을 갖고 진로를 고민하는 많은 학생들이 무엇부터 시작해야 할지 몰라 막막해한다. 사실 이러한 고민은 지극히 당연하다. AI라는 분야가 워낙 방대하기 때문에 처음부터 명확한 출발점을 찾기가 쉽지 않다.

많은 학생들은 AI의 기초 역량인 데이터, 수학, 프로그래밍을 독립적으로 접근하려고 한다. 수학은 AI에서 필수라지만 막상 어렵게 느껴지고, 코딩은 꼭 배워야 한다고 하지만 어떤 언어부터 시작해야 하는지 혼란스럽다. 데이터는 중요하다고는 하는데 구체적으로 무엇부터 배워야 하는지 감이 오지 않는다.

하지만 현실의 AI 프로젝트나 산업 현장에서는 이러한 역량들이 명확하게 구분되지 않는다. 오히려 데이터, 수학, 프로그래밍은 처음부터 끝까지 서로 얽혀 작동하는 하나의 시스템과 같다.

기초 역량의 '분리된 인식'과 '통합적 현실'

AI를 배우기 시작하는 많은 학생이 다음과 같은 방식으로 기초 역량을 바라본다.

데이터는 AI의 가장 중요한 재료라고 강조되지만, 정작 어떤 데이터를 어디에서 얻고, 왜 그렇게 중요한지 분명하지 않다. 막연히 데이터가 많으면 좋다고 생각하지만, 좋은 데이터가 무엇인지 알기 어렵다.

수학은 AI 분야의 필수 과목으로 매번 언급되지만 막상 미적분, 선형대수학, 확률통계 등 복잡한 수학 개념이 AI의 실제 문제와 어떻게 연결되는지 감을 잡지 못해 어렵게만 느껴진다.

프로그래밍은 현실에서 AI를 구현할 수 있는 유일한 수단이지만, 처음 배우는 사람에게는 파이선이 좋다는 정도만 들어 봤을 뿐, 구체적으로 어떤 부분부터 배워야 하고, 어느 정도 수준까지 공부해야 실제 AI 문제를 풀 수 있는지 잘 모른다.

이러한 분리된 인식은 AI 학습을 더 어렵게 만든다. 현실의 AI 프로젝트를 살펴보면 이 세 가지 역량은 처음부터 별개로 움직이지 않는다. 오히려 처음부터 긴밀하게 연결되어 있으며, 서로가 서로를 발전시키는 구조로 통합된다.

예를 들어 현실적인 사례를 생각해 보자. 최근 유명한 챗GPT 같은 생성형 AI는 수많은 데이터를 기반으로 만들어진다. 이런 AI 모델은 방대한 데이터를 분석하고 패턴을 찾는 수학적 모델을 기반으로 한다. 그리고 이 모델을 실제로 작동시키는 것은 파이선 같은 프로그래밍 언어를 통한 코드 구현이다. 하나라도 빠지면 모델은 제대로 동작할 수 없다.

데이터 없는 AI는 '뇌 없는 신체'처럼, 판단할 수 있는 근거가 없다.

데이터 없는 AI는 '재료 없는 요리'처럼, 애초에 만들 수 있는 것이 없다. 아무리 뛰어난 요리사라도 재료가 없다면 요리를 시작할 수 없듯, 데이터가 없다면 AI는 처음부터 출발할 수 없다.

수학 없는 AI는 '뇌 없는 로봇'처럼, 재료가 있어도 판단하고 결정할 방법이 없다. 아무리 많은 데이터를 가졌더라도, 그것을 분석하고 의미를 찾아내는 수학적 사고가 없다면 아무런 결론도 낼 수 없다.

프로그래밍 없는 AI는 '손 없는 장인'처럼, 아무리 좋은 재료와 훌륭한 아이디어를 가지고 있어도 실제로 무언가를 만들어 낼 수 없다. 결국 프로그래밍이 있어야 AI가 현실에서 구체적인 모습으로 작동하게 된다.

이러한 비유를 통해 데이터, 수학, 프로그래밍이 왜 함께 연결되어 있어야 하는지 더욱 분명히 알 수 있다. 이제 본격적으로 각 장에서 데이터(재료), 수학(뇌), 프로그래밍(손)의 역할을 더욱 깊이 탐색해 나갈 것이다.

기초부터 튼튼히

이처럼 AI를 구성하는 세 가지 기초 요소인 데이터, 수학, 프로그래밍은 각자 떨어져 있는 별개의 능력이 아니라, 서로를 전제로 하며 긴밀히 얽혀 있는 통합적 체계다. 이 세 가지 중 하나라도 부족하면 AI는 제대로 작동할 수 없다. 그렇기에 AI 학습의 출발점은 이들 기초 역량을 '따로' 보는 것이 아니라, '함께' 이해하려는 시도에서 출발해야 한다.

그렇다면 실제로 이러한 통합적인 역량을 갖추기 위해 대학에서는 어떤 방식으로 AI 교육을 시작할까?

AI에 관심을 갖고 대학에 진학한 학생들이 처음 접하는 수업은 예상과는 조금 다를 수 있다. 흔히 생각하는 멋진 AI 응용 프로그램이나 최신 딥 러닝 모델을 다루는 수업이 아니라, 처음 몇 학기 동안은 미적분이나 선형대수 같은 수학 수업, 기초적인 통계학이나 데이터 분석 입문, 그리고 프로그래밍 기초 같은 과목들을 만나게 된다.

이런 수업을 처음 접하면, 많은 학생들이 다음과 같은 의문을 품게 된다.

"AI를 하고 싶은데, 왜 처음부터 수학이나 기초 프로그래밍부터 배우는 걸까?", "미적분이나 확률통계 같은 과목이 정말 AI에 꼭 필요한 걸까?"

이러한 질문은 매우 자연스럽고 당연하다. AI에 대한 열정과 호기심을 가진 상태에서, 기초적인 내용을 다루는 수업들이 처음엔 조금 지루하게 느껴질 수도 있기 때문이다. 하지만 대학에서 처음 AI를 배우는 학생들에게 이런 과목을 먼저 가르치는 데는 분명한 이유가 있다. AI가 실제로 작동하기 위해서는 데이터, 수학, 프로그래밍이라는 탄탄한 기초가 함께 갖춰져야 하기 때문이다.

예를 들어, 미적분과 선형대수 같은 수학 과목은 AI가 데이터를 이해하고 분석할 때 필수적인 사고방식과 원리를 제공한다. 통계학 수업에서는 AI가 어떤 데이터를 신뢰하고, 어떻게 데이터에서 의미를 찾는지를 배우게 된다. 파이선 프로그래밍이나 데이터 처리 수업은 AI가 실제로 구현되고 작동되는 구체적인 기술적 방법을 알려 준다.

이 모든 과목이 AI와 직접 연결되지 않는 것처럼 보일 수 있지만, 사실 각각의 수업이 AI라는 거대한 그림을 이루는 중요한 조각이다. 기초 과목들은 마치 집을 지을 때 기초를 탄탄하게 하는 것과 같다. 기초를 충분히 잘 다져 놓으면, 이후에 복잡한 구조물을 만들 때도 안정적이고 견고하게 발전할 수 있다.

물론 초반부터 모든 것을 완벽하게 이해할 필요는 없다. 대학의 AI 관련 기초 수업은 수능처럼 단기간 내에 어려운 응용문제를 푸는 능력을 요구하지는 않는다. 오히려 이 시기의 목표는 각 분야에서 가장 핵심이 되는 개념과 원리를 이해하고 친숙해지는 것이다.

하지만 이런 기초 과목들을 초기에 소홀히 하거나 너무 뒤로 미루게 되면, 나중에 본격적으로 AI 응용 수업을 접할 때 더 어려움을 느낄 수도 있다. 그렇게 되면 자신이 정말 흥미를 느끼는 AI의 깊은 부분을 배우기 시작할 때, 이전에 놓친 기초들을 다시 따라잡느라 두 배의 노력을 들이게 될 수 있다.

그러므로 초반에는 다소 지루하거나 어렵게 느껴지더라도, 이런 기초 수업을 'AI 전문가가 되기 위한 여정의 첫걸음'이라고 생각하며 편안한 마음으로 받아들이면 좋다. AI의 길은 기초가 튼튼한 사람이 결국 가장 멀리까지 가는 분야기 때문이다.

처음에는 느려 보일지라도, 이 기초들을 차근차근 다

지면 언젠가 AI라는 분야를 자신 있게 탐험하고 응용할 수 있게 될 것이다. 지금 배우는 미적분, 통계학, 프로그래밍의 기초들이 쌓여 나중에 실제 AI 프로젝트를 성공시키는 데 든든한 기반이 되어 줄 것이다. 그렇게 기초를 탄탄히 다져 두면, 더 넓고 깊은 AI 세계를 마음껏 즐기며 탐험할 수 있는 날이 반드시 찾아올 것이다.

기초를 넘어, 연결하면 깊어지는 AI

하지만 기초 역량을 각각 배우는 것이 AI 학습의 최종 목표는 아니다. 처음에는 각각의 역량을 탄탄히 다지는 것이 중요하지만, 결국 AI라는 분야의 본질은 이 기초 역량들을 서로 연결하고 통합적으로 활용하는 것에 있다.

대학교 1~2학년 때는 미적분, 선형대수학, 통계학 같은 수학 과목과 파이선 프로그래밍, 데이터베이스 같은 프로그래밍 및 데이터 관련 수업을 별개의 수업으로 배운다. 이 시기의 학습 목표는 각각의 기초 역량을 탄탄히 다져 놓는 것이다. 중요한 것은, 이 시기에는 어려운 응용문제를 푸는 능력이나, AI 모델을 깊이 있게 설계하는 능력까지 요구되지 않는다는 점이다. 오히려 각 과목에서 배우는 가장 핵심적인 기초 개념을 철저히 이해하고, 기본적인 문제들을 스스로 풀 수 있을 정도면 충분하다.

이렇게 기초가 단단하게 갖춰지고 나면, 3~4학년 때부터는 본격적으로 머신 러닝이나 딥 러닝 같은 통합적인 AI 수업을 통해 이 기초 역량을 결합해 응용할 수 있게 된다. 이 단계에서 데이터는 단순히 데이터베이스에서 읽어 오는 것이 아니라 수학적 모델을 통해 분석되고 해석된다. 수학적 개념은 더 이상 추상적인 공식이 아니라, 실제로 데이터를 해석하고 문제를 해결하는 핵심 논리로 자리 잡는다. 프로그래밍 역시 기초 문법을 넘어, AI 모델을 구현하고 데이터를 직접 다루면서 복잡한 코드를 구성할 수 있는 수준으로 확장된다.

AI 전문가로 성장하기 위한 이상적인 학습 흐름은 이렇게 두 단계로 나눌 수 있다. 처음에는 각각의 기초를 충분히 다져야 하고, 이후 단계에서는 기초 역량들을 서로 긴밀하게 연결해 하나의 전체적인 능력으로 통합한다. 이러한 과정을 거친 학생들은 AI를 더 깊이 있게 이해하고, 실제 문제에 직면했을 때 훨씬 빠르고 정확하게 해결책을 찾을 수 있다.

즉, AI 학습은 처음부터 끝까지 "기초를 다지고 → 통합적으로 활용하는 과정"으로 이뤄진다. 따라서 대학 초반에 배우는 미적분, 선형대수학, 통계, 프로그래밍, 빅데이터 기초 과목들은 반드시 제대로 학습해야 하며, 그 과정에서 어느 하나라도 쉽게 포기해서는 안 된다. 대신 초반의 학습 과정에서는 과도한 깊이나 복잡성보다는 핵심 개념과 기본 원리를 명확히 이해하는 데 초점을 맞추고, 이후 학년이 올라가면서 점진적으로 이 역량들을 통합하며 발전시켜 나가야 한다.

이러한 두 단계 학습 방식을 이해하고, 자신의 학습 여정을 계획적으로 구성한다면, AI라는 복잡하고 도전적인 분야에서 진정한 전문가로 성장하는 길을 자신 있게 걸어갈 수 있게 된다.

02
AI의 재료, 빅데이터

AI는 무엇으로 만들어질까? AI의 성능을 결정짓는 핵심은 바로 '데이터'다. 어떤 데이터를 얼마나 잘 모으고, 이해하고, 다룰 수 있는지가 AI의 가능성을 좌우한다. AI가 데이터를 통해 어떻게 학습하고, '빅데이터'가 왜 중요한지, 그리고 데이터를 수집하고 탐색하며 실전에서 활용하는 데 필요한 핵심 역량은 무엇인지 살펴본다.

AI와 MBTI?

데이터를 먹고 자라는 AI

AI는 종종 인간의 뇌와 비교된다. 마치 우리의 뇌가 경험과 지식을 통해 성장하듯, AI는 데이터를 통해 배우고 진화한다. 데이터가 많을수록 AI는 더욱 똑똑해지고, 정확한 판단을 내릴 수 있다. 예를 들어, 이미지를 인식하는 AI는 수백만 장의 사진 데이터를 통해 '고양이'라는 개념을 학습한다. 데이터가 충분하고 다양할수록 AI는 실제 상황에서도 정확히 고양이를 찾아낼 수 있다.

반대로 데이터가 부족하면 AI는 무기력해진다. 인간도 지식과 경험이 없으면 의사 결정을 제대로 할 수 없듯, AI도 마찬가지다. AI가 아무리 강력한 알고리즘을 갖췄다고 해도, 양질의 데이터가 부족하면 성능을 제대로 발휘할 수 없다. 데이터가 충분히 많지 않으면, AI는 일반화된 판단을 하지 못하고, 극히 제한적인 환경에서만 동작하는 무기력한 존재가 된다.

예를 들어 의료 분야의 AI를 생각해 보자. 암을 진단하는 AI가 충분한 임상 데이터 없이 개발되었다면 어떨까? 이 AI는 실제 환자를 제대로 진단하지 못하고, 심각한 진단 오류를 초래할 가능성이 높다. 이처럼 데이터는 AI에게 없어서는 안 될 필수적인 연료인 것이다.

"쓰레기가 들어가면 쓰레기가 나온다(Garbage in,

garbage out)." AI는 데이터가 가진 문제를 스스로 고칠 수 없으며, 주어진 데이터를 그대로 흡수해 결과를 내놓는다. 데이터의 품질이 나쁘거나 편향되어 있으면, 결과 역시 잘못되거나 편향될 수밖에 없다. 예컨대, 얼굴 인식 AI가 특정 인종이나 성별 데이터만 집중적으로 학습했다면, 특정 인종이나 성별만 정확히 인식하고 그 외 사람들에게는 오류를 일으킬 가능성이 높다. 실제로 많은 AI 프로젝트에서 부정확하거나 편향된 데이터로 문제가 발생하고 그로 인해 사회적 비판에 직면하는 이유도 바로 이 원칙 때문이다.

따라서 AI 프로젝트를 진행할 때는 무엇보다 데이터를 신중하게 선택하고, 철저하게 검증하는 과정이 중요하다. 데이터를 체계적으로 수집하고, 정확히 정제하며, 편향이 없도록 주의해야만 AI가 원하는 결과를 효과적으로 만들어 낼 수 있다. AI의 성능은 결국 데이터의 질에 달려 있다는 사실을 명심해야 한다.

결국 좋은 데이터는 좋은 AI를 만든다. AI 진로를 꿈꾸는 사람이라면 데이터의 중요성을 이해하고, 데이터를 올바르게 다루는 법을 반드시 익혀야 한다.

'빅데이터'의 의미

데이터양이 많으면 무조건 좋은 것일까? 이제 우리는 데이터의 품질이 AI의 성능을 좌우한다는 'Garbage in, garbage out' 원칙을 이해했다. 그렇다면 품질만 좋다면 데이터양을 무조건 늘리는 것이 최선일까? 데이터가 많기만 하면 정말 더 좋은 AI가 탄생할 수 있는 것일까?

여기서 바로 '빅데이터(Big Data)'의 의미가 중요해진다. 흔히 '빅데이터'를 데이터가 단순히 많은 상태로 이해하기 쉽지만, 실제로는 데이터의 양만으로 빅데이터가 결정되는 것이 아니다. 빅데이터는 데이터가 지닌 특정한 '속성'과 함께 정의된다. 데이터의 양적 규모뿐 아니라 데이터의 다양성(Variety), 속도(Velocity), 정확성(Veracity) 등 여러 요소가 빅데이터라는 개념의 핵심을 이룬다.

즉, 단순히 데이터양만 증가시키는 것은 진정한 의미의 '빅데이터'가 될 수 없다. 데이터의 속성과 특성을 제대로 이해하고, 이를 효과적으로 관리하고 활용할 수 있을 때, 비로소 AI를 위한 강력한 자원이 된다.

빅데이터는 본래 세 가지 주요 특징으로 정의된다. 흔히 '3V'라 불리는 기준이다. 1) 양(Volume): 데이터의 규모가 매우 큼, 2) 다양성(Variety): 데이터 형태와 출처가 다양함, 3) 속도(Velocity): 데이터가 빠르게 생성되고 처리되는 속도를 요구함.

예를 들어 사회관계망서비스(SNS)에 올라오는 수억 건의 포스팅, 실시간으로 수집되는 교통 정보 데이터, 온라인 쇼핑몰의 실시간 구매 로그 데이터 등은 모두 이 세 가지 기준을 충족하는 빅데이터에 속한다.

그러나 최근 빅데이터의 정의는 3V에서 더 확장되어 5V, 7V 등으로 확장되고 있다. 4) 정확성(Veracity): 데이터의 신뢰도와 정확성, 5) 가치(Value): 데이터를 통해 얻을 수 있는 실질적 가치, 6) 가변성(Variability): 데이터의 의미와 속성이 시간에 따라 변하는 특성, 7) 시각화(Visualization): 데이터를 효과적으로 시각화해 가치를 창출하는 능력

이처럼 단순히 양적인 기준을 넘어, 데이터를 어떻게 다루고 어떤 가치를 창출할 수 있는지가 중요해졌다. 데이터는 그 자체만으로는 의미가 없으며, 가공과 분석 과정을 통해 비로소 가치가 있는 '빅데이터'가 된다.

데이터의 유형

AI는 모든 데이터를 똑같이 다루지 않는다. 데이터는 형태와 특성에 따라 다양한 유형으로 나뉘며, 각 데이터의

유형은 AI가 이를 해석하고 활용하는 방식에 큰 영향을 준다. 특히 데이터의 유형은 AI가 데이터를 얼마나 쉽게 이해하고, 효과적으로 활용할 수 있는지 결정하는 중요한 요소다.

데이터 유형은 크게 정형 데이터(structured data)와 비정형 데이터(unstructured data)로 나눌 수 있다. 정형 데이터는 미리 정의된 구조를 가지고 있으며, 보통 표(Table)와 같이 명확하게 정리된 형태로 존재한다. 숫자나 날짜, 이름처럼 명확히 정의된 형태를 가지며, 데이터베이스나 엑셀 같은 형태로 쉽게 관리할 수 있다. 비정형 데이터는 구조화되지 않은 데이터를 의미한다. 특정한 형식으로 정리되지 않은 상태로, 사람이 보기에는 자연스러운 형태로 존재하지만 AI가 해석하기에는 난이도가 높은 편이다. 텍스트, 이미지, 오디오, 영상 등 대부분의 콘텐츠 데이터는 비정형 데이터에 속한다.

비정형 데이터는 다시 여러 세부 유형으로 나뉜다. 대표적으로 다음과 같은 데이터 유형들이 있다. 1) 텍스트 데이터: 뉴스 기사, 이메일, SNS 게시 글 등 대부분 인간의 언어로 작성된 데이터다. 자연어 처리(NLP) 기술이 요구된다. 2) 이미지 데이터: 사진이나 그림 등 시각적 정보가 담긴 데이터다. 이미지 인식과 분류, 객체 검출

등의 AI 기술을 통해 활용된다. 3) 오디오 데이터: 음성 메시지, 전화 통화 내용, 음악 등 청각적 정보를 담은 데이터다. 음성 인식 및 합성 기술을 사용해 처리된다.

AI가 데이터를 해석할 때, 데이터의 구조화 수준에 따라 난이도가 결정된다. 정형 데이터는 비교적 쉽게 분석 가능하지만, 비정형 데이터는 의미를 이해하도록 AI를 훈련시키기 위해 더 복잡한 전처리 과정과 고도의 분석 기술이 요구된다. 예를 들어, 텍스트 데이터는 문장 속에서 맥락과 의미를 추출해야 하며, 이미지나 영상 데이터는 객체와 상황을 인식하는 기술이 필요하다. AI 시대의 진로를 설계할 때는 자신이 다룰 데이터 유형을 이해하고, 이에 맞는 기술과 역량을 갖추는 것이 필수적이다. 데이터를 어떻게 이해하고 처리할지에 따라 AI 활용의 범위와 깊이가 결정되기 때문이다.

데이터 실전 역량

AI 프로젝트의 출발점은 데이터를 모으는 것이다. AI가 무엇을 배우고 어떻게 작동할지를 결정하는 핵심은 결국 어떤 데이터를 어떻게 수집하는가에 달려 있다. 데이터를 수집하는 방법은 다양하다. 웹사이트에서 정보를 자동으로 가져오는 웹 크롤링, 기관이 제공하는 API(application programming interface)를 통한 데이터 확보, IoT(Internet of Things, 사물인터넷) 센서를 통해 실시간으로 수집되는 데이터, 사용자의 행동 로그 데이터 등이 대표적이다. 필요한 데이터가 이미 공공이나 민간 데이터로 공개되어 있다면 이를 활용할 수도 있고, 원하는 데이터가 없다면 직접 수집해야 한다. 어떤 방법을 선택하느냐에 따라 데이터의 양과 질, 비용과 효율성이 달라진다.

그러나 수집한 데이터는 대부분 곧바로 AI에 사용할 수 있는 상태가 아니다. 현실에서 얻은 데이터는 빈칸으로 존재하는 결측값(missing values), 비정상적으로 크거나 작은 이상치(outliers), 중복된 정보 등 다양한 문제를 포함하고 있다. 이런 데이터를 그대로 AI가 학습하면 제대로 된 결과를 얻기 힘들다. 따라서 데이터를 수집한 후에는 바로 사용하는 것이 아니라, 데이터를 면밀히 탐색해 품질을 확인하고 정제하는 과정이 필수적이다. 이를 탐색적 데이터 분석(Exploratory Data Analysis, EDA)이라고 하며, 데이터를 다양한 각도에서 시각화하거나 통계적으로 분석해 데이터의 특성, 구조, 숨겨진 문제점과 패턴 등을 발견하는 작업이다. 이 과정을 통해 데이터가 어떤 형태로 분포되어 있는지, 데이터 내 이상값이나 결측값은 없는지, 변수들 간의 상관관계는 어떤지 등을 미리 확인할 수 있다. 또한 EDA는 AI 모델에 투입할 핵심적인 변수를 선정하고, 데이터 전처리 방법과 적합한 AI 모델을 결정하는 데도 중요한 기초가 된다. 즉, 데이터를 제대로 탐색하고 이해하는 과정은 AI가 더 효율적이고 정확하게 작동하도록 돕는 동시에 프로젝트의 성패를 좌우하는 매우 중요한 단계라고 할 수 있다.

이러한 데이터 탐색과 정제 과정을 효과적으로 수행하기 위해서는 적절한 도구를 다룰 수 있는 역량이 필수적이다. 파이선은 데이터 처리뿐 아니라 머신 러닝과 AI 모델 개발까지 확장 가능한 핵심 도구로 자리 잡고 있다. 또한, 원하는 데이터를 빠르고 효율적으로 추출할 수 있도록 SQL(Structured Query Language) 기반의 데이터베이스를 다루는 능력과 데이터를 시각적으로 표현하고 분석 결과를 직관적으로 전달할 수 있도록 비즈니스 인텔리전스(Business Intelligence, BI) 툴을 활용하는 기술도 중요하다.

하지만 단순히 도구를 다룰 줄 아는 것만으로는 부족하다. 데이터를 제대로 활용하려면 데이터를 기반으로 한 논리적 사고력과 명확하게 문제를 이해하는 능력이 필요하다. 또한 분석 대상 분야에 대한 도메인 이해가 깊어야 데이터가 말하고자 하는 바를 정확히 파악할 수 있다. 결국 데이터를 다루는 역량이란 도구를 다룰 수 있는 기술뿐 아니라, 데이터 속에 숨겨진 의미를 발견하는 '데이터를 읽는 눈'과, 문제 해결을 위해 핵심적인 질문을 던질 수 있는 '질문하는 힘'을 모두 아우르는 것이다.

03
AI의 뇌, 수학

AI는 데이터를 어떻게 이해할까? AI의 핵심에는 데이터를 해석하고 이해하는 능력, 즉 '수학'이 자리 잡고 있다. 수학은 단순한 계산 도구가 아니라, 데이터를 바라보고 숨겨진 규칙과 패턴을 발견하며, 최적의 판단을 내리기 위한 AI의 '사고방식'이다. 왜, 그리고 어떻게 수학이 AI의 '뇌' 역할을 하는지 구체적으로 살펴본다.

AI와 난임 극복?

수학은 데이터 해석의 열쇠

AI와 수학 사이에는 도대체 어떤 연결 고리가 있기에 이렇게 많은 사람들이 강조하는 것일까? 이 질문에 답하려면 수학을 AI가 가진 '뇌'로 비유해 보면 쉽다. 사람은 주변에서 보고 듣고 느낀 것을 뇌를 통해 이해하고 사고한다. 마찬가지로 AI는 데이터를 통해 학습하지만, 그 데이터를 이해하고 사고하는 역할을 수학이 대신한다. 즉, 수학은 AI가 세상을 이해하도록 돕는 도구이자 사고방식이다.

수학이 AI에서 중요하다고 할 때, 흔히 복잡한 계산이나 수많은 공식 암기를 떠올리기 쉽다. 하지만 AI에서의 수학은 암기나 복잡한 계산보다 데이터 안의 패턴과 구조를 발견하는 능력과 더 관련이 깊다. 데이터를 통해 반복되는 규칙성을 발견하고, 이를 바탕으로 미래를 예측하거나 분류하는 과정이 AI의 핵심이다. 이렇게 데이터 속 숨은 구조를 이해하고, 그것을 논리적으로 표현하는 방법을 제공하는 것이 바로 수학의 역할이다. 여기서 수식은 단지 숫자와 기호의 나열이 아니라, AI가 주변 환경에서 발견한 명확한 규칙을 간단히 표현하는 방식이다. 이처럼 수식은 데이터 속에 숨은 관계를 AI가 정확하게 이해하고 표현하도록 도와주는 매우 효과적인 도구다.

결국, AI에서 수학을 '뇌'라고 표현하는 이유는 분명하다. AI가 스스로 사고하고 판단할 수 있도록 데이터를 '해석'하는 능력을 수학이 제공하기 때문이다. AI 시대의 경쟁력은 얼마나 복잡한 공식을 암기했느냐가 아니라, 데이터를 통해 어떤 패턴과 구조를 읽어 낼 수 있느냐에 달려 있다.

수식으로 대화하기

우리가 살아가는 현실 세계에서 나타나는 데이터들은 우연히 흩어진 것이 아니라 일정한 패턴과 규칙을 가진다. 사람의 키와 몸무게, 상품의 판매량, 시험 점수 등 일상적인 데이터들 속에도 숨겨진 규칙성이 존재한다. AI의 핵심 사고는 바로 이 데이터를 면밀히 관찰하고, 숨겨진 규칙성을 수학적 구조로 추상화하는 데 있다. AI는 이렇게 발견한 규칙을 수식이라는 간결한 언어로 표현하고, 이를 통해 데이터를 이해하며 세상과 소통한다.

예를 들어 보자. 사람들의 키와 몸무게 데이터를 관찰하면 흔히 "키가 클수록 몸무게가 무겁다"라는 패턴을 찾을 수 있다. AI는 이 단순한 관찰을 수학적 선형관계식이라는 형태로 표현한다. 즉, "몸무게 = a × 키 + b"라는 수식으로 요약하는 것이다.

또한, 시험 점수를 살펴볼 때 흔히 볼 수 있는 "대부분의 점수는 평균을 중심으로 모여 있고, 극단적으로 높은 점수나 낮은 점수는 드물다"는 패턴도 수학적으로 나타낼 수 있다. 이는 바로 정규 분포(Normal Distribution)라는 형태로 모델링된다. 이를 통해 데이터를 다음과 같은 수학적 구조로 표현할 수 있다.

$$f(x) = \frac{1}{\sqrt{2\pi\sigma^2}} \exp\left(-\frac{(x-\mu)^2}{2\sigma^2}\right)$$

여기서 수학은 복잡해 보일 수도 있지만, 사실 데이터가 가진 패턴과 구조를 명확하게 보여 주는 도구일 뿐이다. 이렇게 데이터 속 규칙을 구체적인 수학적 형태로 표현하는 과정이 바로 AI가 데이터를 이해하는 핵심 방식이다. 수학이라는 프레임을 통해 데이터를 바라볼 때, 비로소 AI는 데이터를 의미 있는 정보로 바꿔, 정확히 예측하고 판단할 수 있게 된다. 즉, 수학은 AI가 현실 속 데이터를 바라보고 파악한 것을 우리와 공유하는 공통된 언어이며, 이를 능숙하게 사용하는 것이 바로 AI의 힘이다.

AI를 위한 수학 삼총사: 선형대수, 미적분, 확률통계

AI에서 수학이 중요하다고 하면 학생들은 종종 이렇게 묻는다. "AI에 필요한 수학이 구체적으로 어떤 건가요?" AI가 데이터를 보고 학습하는 과정에서 자주 사용되는 수학은 크게 세 가지로 나뉜다. 선형대수, 미적분, 그리고 확률과 통계다. 이 세 가지 분야는 AI가 데이터를 이해하는 서로 다른 사고방식을 도와준다.

먼저 선형대수는 데이터의 형태와 구조를 다루는 데 사용되는 수학이다. 이름이 조금 어렵게 느껴질 수 있지만, 실제로는 데이터를 아주 효율적이고 간단하게 표현하는 방법을 제공해 주는 분야다. 우리는 흔히 표 형태로 정리된 데이터를 볼 수 있다. 예를 들어 키와 몸무게처럼 숫자로 나타낼 수 있는 데이터가 있다고 하자. 두 사람의 데이터를 생각해 보자. 첫 번째 사람은 키 175cm, 몸무게 70kg, 두 번째 사람은 키 180cm, 몸무게 75kg이라고 하자. 이 두 사람의 데이터는 선형대수에서 '행렬'이라는 형태로 나타낼 수 있다. 행렬이란 숫자를 표 형태로 배열한 것이다. 이 경우, 첫 번째 줄(행)은 첫 번째 사람의 데이터(175, 70)를 나타내고, 두 번째 줄은 두 번째 사람의 데이터(180, 75)를 나타낸다. 이렇게 데이터는 행렬이나 벡터라는 형태로 나타낼 수 있으며, 선형대수는 이런 데이터를 효율적으로 처리하는 방법을 다룬다.

AI의 중요한 모델 중 하나인 신경망(Neural network)도 결국 행렬을 이용한 계산으로 이뤄져 있다. 신경망은 입력된 데이터를 행렬 형태로 받아들이고, 내부에서 다양한 행렬 계산을 거쳐 결과를 만들어 낸다. 쉽게 말해, 신경망이 작동하는 원리를 뜯어보면 여러 개의 행렬을 서로 곱하고 더하는 과정이라고 할 수 있다. 또한 AI가 다루는 데이터는 종종 너무 방대하거나 복잡해서 이해하기 어렵기 때문에, 이 데이터를 단순하게 줄이거나 중요한 특성을 뽑아내는 과정이 필요하다. 이것을 차원 축소(dimensionality reduction)나 특성 추출(feature extraction)이라고 하는데, 이 과정도 선형대수의 도움 없이는 어렵다. 결국, 선형대수는 AI가 데이터를 정리하고 구조적으로 표현하는 기본 도구로, 데이터의 본질을 이해하도록 돕는 역할을 한다.

두 번째 분야인 미적분은 변화와 최적화를 다루는 수학이다. 미적분을 배울 때 흔히 '왜 이런 걸 해야 하지?'라고 느낄 수도 있지만, AI에서는 미적분의 쓰임새가 매우 명확하다. AI가 데이터를 학습한다는 것은 데이터를 바탕으로 올바른 예측이나 판단을 하도록 최적의 모델을 찾아가는 과정이다. 이 과정에서 AI는 스스로 성능을 평가하는 지표를 갖고 있는데, 이를 보통 '손실 함수(Loss function)'라고 부른다. 손실 함수의 값이 작을수록 모델이 정확한 판단을 내리는 상태에 가까워진다. 미적분의 개념 중 '미분'은 바로 이 손실 함수를 줄이는 과정에서 중요한 역할을 한다.

예를 들어 우리가 산 정상에서 아래로 내려갈 때, 가장 빠르게 내려가려면 경사가 가장 급한 방향을 찾아 내려가야 한다. AI가 손실을 줄여 나가는 과정도 이와 비슷한 원리로 이뤄져 있다. AI는 손실 함수의 미분을 통해 '지금 어느 방향으로 조금 움직이면 손실이 가장 빠르게 줄어드는지'를 계산한다. 이 방식을 '경사 하강법(Gradient descent)'이라고 한다. 미분을 사용하면 손실 함수가 가장 급격히 감소하는 방향과 정도를 정확하게 알 수 있기 때문이다. 이런 과정을 반복하면서 AI 모델은 점점 더 정확한 예측을 하도록 최적화된다. 이렇게 보면, 미적분은 AI가 학습을 통해 최적의 답을 찾는 과정을 돕는 필수 도구라는 것을 이해할 수 있다.

세 번째로 확률과 통계는 AI가 불확실성을 다루고 판단할 때 가장 많이 쓰이는 수학 분야다. 현실에서 우리가 하는 예측이나 판단은 언제나 완벽하게 확실하지는 않다. 예를 들어, 내일 비가 올지 안 올지 예측할 때도 100% 확신할 수는 없다. 의학적으로 질병을 진단할 때도 마찬가지다. AI 역시 데이터를 가지고 예측을 할 때는 항상 불확실성을 마주하게 된다. 이런 상황에서 AI가 의사 결정을 내리는 데 필요한 사고방식이 바로 확률과 통계다.

확률은 어떤 사건이 일어날 가능성을 수치로 나타내는 방법이다. AI는 확률을 사용해 "이 이메일이 스팸일 확률이 90%다", "이 환자가 특정 질병을 앓고 있을 확률이 75%다"와 같이 표현한다. 그중에서도 '베이즈 정리'는 과거 데이터를 바탕으로 새로운 정보를 얻었을 때 기존의 예측을 다시 갱신하는 방법을 알려 준다. 예를 들어, 특정 질병의 진단을 생각해 보자. 어떤 환자가 질병에 걸렸을 확률을 과거의 임상 데이터를 통해 추정한 뒤, 추가적인 검사 결과를 이용해 이 확률을 업데이트할 수 있다. 이를 통해 AI는 좀 더 정확한 판단을 내릴 수 있게 된다.

통계 또한 AI가 데이터를 이해하는 데 매우 중요하다. AI는 데이터의 평균이나 분산, 그리고 데이터가 어떤 분포(예를 들어 정규 분포, 포아송 분포 등)를 따르는지를 분석해 데이터의 특성을 파악한다. 예를 들어, 학생들의 시험 점수가 평균 점수 근처에 집중되어 있다는 사실을 발견하면, 이를 정규 분포로 표현할 수 있다. AI는 이렇게 데이터를 통계적으로 분석하고, 이를 바탕으로 미래의 데이터를 더 정확하게 예측하거나 설명할 수 있게 된다.

정리해 보면, AI가 사용하는 세 가지 핵심 수학 분야인 선형대수, 미적분, 확률과 통계는 각각 데이터의 구조를 표현하고, 최적의 모델을 찾아가며, 불확실한 상황 속에서 정확한 판단을 내리는 데 사용된다. 이 세 분야는 AI가 현실의 문제를 효과적으로 풀어 나가도록 돕는 중요한 사고방식과 도구를 제공하는 것이다.

빅데이터 시대의 수학

빅데이터 시대의 AI가 수행하는 수학적 계산은 거대한 행렬 연산의 반복과 같다. 수백만, 수천만 개의 데이터로 이뤄진 거대한 행렬을 사람이 손으로 계산하는 것은 불가능한 일이다. 이 문제를 해결한 것이 바로 GPU(그래픽 처리 장치)다.

GPU는 원래 게임의 화려한 그래픽을 처리하기 위해 만들어진 장치로, 많은 계산을 동시에 병렬로 처리할 수 있도록 설계되었다. AI 연구자들은 게임 그래픽을 빠르게 처리하는 GPU의 능력을 AI의 복잡한 수학 연산에도 적용할 수 있다는 흥미로운 아이디어를 떠올렸다.

신경망이 수백만 개의 데이터를 행렬 계산이나 미분으로 처리할 때, CPU(중앙처리장치)는 뛰어난 한 명의 수학자가 혼자 작업하는 방식이지만 GPU는 수천 명의 일반적 수학자가 동시에 나눠서 계산하는 방식이다. 복잡하지 않지만 양이 매우 많은 계산에서는 GPU의 방식이 훨씬 효율적이다. 결국, AI가 빅데이터를 효과적으로 다루기 위해서는 GPU의 병렬 연산 능력이 필수적이다. 수학적 사고가 빅데이터와 만나 GPU라는 도구를 통해 더욱 빠르고 효율적으로 작동하게 된 것이다.

04
AI의 손, 코딩

그림을 머릿속에만 그리면 작품이 아니다. 붓을 들어야 그림이 되는 것처럼, AI는 코딩이라는 손이 있어야 비로소 살아 움직인다. 즉, 코딩은 수학적 사고를 실제로 구현하고 실험하는 수단이며, 아이디어를 '작동하는 프로그램'으로 구현하는 능력이 곧 실력이다. 복잡한 문제도 한 줄씩 써 보면 해결할 수 있다.

AI와 사주?

프로그래밍 언어는 '표현 도구'

프로그래밍 언어는 어떤 명령을 기계에게 전달하는 수단이다. 하지만 더 넓게 보면, 인간이 가진 생각을 컴퓨터라는 매체 위에 '표현'하기 위한 도구기도 하다. 언어는 곧 생각의 그릇이다. 우리가 쓰는 말이나 글이 단순한 문법의 나열이 아닌 의사소통의 수단이듯, 프로그래밍 언어 역시 문법 자체보다 그 안에 담기는 '의도'와 '구조'가 더 중요하다.

많은 사람들이 코딩을 잘하기 위해 가장 먼저 '자격증 시험'을 떠올린다. 정보처리기능사나 코딩 관련 자격증 등을 준비하면서, 일단 기본은 갖추겠다고 생각하는 것이다. 물론 자격증 공부가 도움이 되는 부분도 있다. 기초적인 용어나 알고리즘 개념을 익히고, 일정 수준의 문법을 점검하는 데는 유용할 수 있다. 하지만 코딩은 시험이 아니라 실전이다. 시험 문제는 정해진 답을 요구하지만, 현실에서의 코딩은 정답이 하나가 아니며, 종종 문제 자체를 다시 정의해야 하는 경우도 있다. 즉, 자격증은 '입문을 위한 체크리스트' 정도로 활용되면 충분하다. 진짜 실력은 문제를 직접 해결해 보면서, 시행착오를 통해 쌓아 가는 과정에서 자란다. 그런 면에서 프로그래밍 언어는 수학이나 영어처럼 '배워야 할 학문'이라기보다는,

'생각을 펼치는 표현 도구'로 보는 것이 바람직하다.

AI 개발에서 가장 널리 쓰이는 언어는 단연 파이선이다. 파이선은 간결하고 읽기 쉬운 문법을 가지고 있으며, 다양한 분야에서 활용되는 수많은 라이브러리를 갖추고 있다. 예를 들어, 수치 연산에 특화된 넘파이(NumPy), 데이터 분석에 적합한 판다스(Pandas), 그리고 머신 러닝 모델 구현을 도와주는 사이킷런(Scikit-learn) 등은 AI 개발의 핵심 도구로 자리 잡고 있다. 이러한 도구들을 사용할 줄 안다는 것은 AI 문제를 해결할 수 있는 언어적 표현력을 가진다는 뜻이다. 복잡한 수식을 코드로 바꾸고, 데이터를 정리하고 시각화하며, 모델을 만들고 검증하는 과정은 결국 모두 '표현'의 문제다. 파이선이 AI에 친화적인 이유도 바로 여기에 있다. 사람의 생각을 코드로 옮기는 과정이 그만큼 자연스럽고 직관적이기 때문이다. 따라서 파이선의 자주 쓰이는 문법은 단순히 '외우는 것'이 아니라 '표현하는 패턴'으로 익혀야 한다. 마치 언어를 배울 때 자주 쓰는 문장을 반복 연습하듯, 실용적인 코드 패턴을 익히는 것이 더 효과적이다. 그리고 그 패턴은 점차 자신만의 '표현 습관'으로 자리 잡게 된다.

마지막으로 강조하고 싶은 점은, 코딩을 그 자체로 목적화하지 말아야 한다는 것이다. 코드는 결국 문제를 해결하기 위한 수단이다. 중요한 것은 "동작하는 코드"가 아니라 "이해 가능한 코드", 그리고 "확장 가능한 코드"다. 내가 이해할 수 있고, 다른 사람도 쉽게 읽을 수 있으며, 미래에 더 발전시킬 수 있는 코드야말로 진정한 도구로서의 가치를 가진다.

AI 개발을 위한 실전 코딩 감각

AI 개발에서 코딩은 단순한 문법 연습이 아니라, 문제를 해결하는 흐름을 설계하는 기술이다. AI 프로젝트는 단순히 모델을 만드는 것만으로 완성되지 않는다. 현실에서는 데이터를 불러오고, 이를 정리하고, 모델을 학습시키고 평가한 뒤, 결과를 저장하는 일련의 과정 전체가 중요하다. 이 전 과정을 유기적으로 연결하는 능력이 곧 실전 코딩 감각이다.

이 감각은 단기간에 외워서 갖출 수 있는 것이 아니다. 직접 코드를 작성해 보며, 시행착오를 거치는 가운데 자연스럽게 길러진다. 예를 들어, 다음과 같은 간단한 AI 실습 흐름을 생각해 보자.

1) 데이터 불러오기: CSV 파일이나 오픈 데이터를 판다스로 불러온다.

2) 전처리: 결측값이나 이상치를 처리하고, 필요하다면 데이터 형태를 변환한다.

3) 모델 학습: 사이킷런 등을 활용해 모델을 불러와 학습 데이터를 넣고 학습시킨다.

4) 모델 평가: 테스트 데이터를 통해 학습한 모델에 대해 적절한 메트릭을 활용해 성능을 확인한다.

5) 저장 및 재사용: 학습된 모델을 파일로 저장하고, 이후 다시 로드해 사용하는 방법을 익힌다.

이런 일련의 흐름을 따라가다 보면, 코딩은 단순한 문법의 조합이 아니라 문제 해결을 위한 유기적 사고의 도구라는 것을 체감한다. 특히 AI 개발은 결과가 눈에 보이는 형태로 나타나기 때문에, 작은 실험만으로도 피드백을 얻을 수 있어 학습 효과가 크다.

실전 코딩 감각을 키우기 위해서는 처음부터 거창한 프로젝트에 도전하기보다는, 작은 문제부터 출발해서 점진적으로 확장해 가는 방식이 효과적이다. 예를 들어, 처음에는 단순한 이메일 스팸 분류기를 만들어 본다. 그 다음엔 뉴스 기사 분류, 이미지 인식, 간단한 추천 시스템 등으로 확장해 나간다. 이처럼 실제 데이터를 다루고, 작은 성공을 반복 경험하면서 코딩 실력과 자신감이 함께 자란다.

중요한 것은 완벽한 코드를 처음부터 쓰려는 것이 아니다. 먼저 전체 흐름을 끝까지 연결해 보고, 이후에 각 단계를 점검하며 개선해 나가는 방식이 훨씬 효율적이다. 이 과정에서 문제가 생겼을 때 어디서부터 점검할지를 스스로 감지하는 능력도 자연스럽게 길러진다.

결국, AI를 개발한다는 것은 데이터에서 가치를 뽑아내는 흐름을 설계하고 구현하는 일이다. 이 흐름을 이해하고 연결하는 감각은 책이나 강의만으로는 완전히 얻을 수 없다. 직접 손으로 부딪히고, 작은 실습을 완성해 보면서 축적되는 것이다. 실전은 언제나 최고의 교과서다.

코딩은 디버깅과 실험의 반복

처음부터 완벽한 코드는 없다. 누구든지 코딩을 시작하면 반드시 오류를 만난다. 중요한 것은 그 오류를 어떻게 대하는가다. 코딩은 한 번에 정답을 쓰는 시험이 아니라, 문제를 발견하고 해결하는 과정 자체가 학습인 활동이다. 오류는 실패가 아니라, 다음 단계로 넘어가기 위한 신호다. 처음 짠 코드가 제대로 작동하지 않는 것은 당연하다. 작동하지 않는 이유를 하나씩 찾아보는 과정에서 개발자는 더 깊이 이해하고, 더 좋은 방법을 떠올릴 수 있다. 그래서 코딩은 시행착오를 통해 점점 나아지는 활동이다. 에러를 두려워하기보다, 에러를 활용할 줄 아는 태도가 중요하다.

이를 위해 꼭 필요한 역량 중 하나는 에러 메시지를 읽고 해석하는 능력이다. 에러 메시지는 힌트다. 어떤 줄에서 문제가 발생했는지, 어떤 타입이 맞지 않았는지 등을 알려 준다. 처음에는 낯설고 어려울 수 있지만, 자꾸 접하다 보면 메시지의 구조와 의미를 파악할 수 있게 된다. 또한 검색은 개발자의 기본 도구다. 문제 상황에 맞는 키워드로 검색하는 능력은 단순한 정보 습득을 넘어, 문제 해결의 출발점이 된다. 스택 오버플로(Stack Overflow), 공식 문서, 개발 블로그 등은 모두 훌륭한 검색 자원이다. 코딩이란 결국 혼자 모든 것을 알아야 하는 것이 아니라, 필요한 정보를 찾아내고 적용하는 능력을 키우는 일이다. 그 외에도 로그를 찍어 보는 습관은 코드 흐름을 파악하는 데 큰 도움이 된다. 변수의 값이 어떻게 바뀌는지, 함수가 실제로 실행되었는지 등을 확인하려면, 중간중간에 프린트(print) 문이나 로깅 도구를 활용해 흐름을 눈으로 확인할 수 있어야 한다. 이것은 디버깅의 시작이자 가장 기본적인 도구다.

요즘은 챗GPT 같은 도구를 활용해 코드를 작성하는 경우가 많다. 실제로 챗GPT는 어느 정도 수준의 코드를 꽤 잘 만들어 낸다. 기본적인 문법이나 자주 쓰는 함수 구조를 빠르게 만들어 주기 때문에, 초보자에게는 특히 큰 도움이 된다. 그러나 이 도구에 지나치게 의존하게 되면, 오히려 중요한 것을 놓치게 된다. 생성된 코드를 '그대로 사용하는 데 익숙해지는' 순간, 전체 흐름을 이해하는 훈련을 놓치게 된다.

이런 의존은 특히 코드 일부를 수정하거나 기능을 확장해야 할 때 큰 벽으로 돌아온다. 처음부터 직접 작성하지 않았기 때문에, 어느 부분이 어떤 역할을 하는지 명확하지 않고, 작은 수정 하나에도 전체 구조가 흔들리게 된다. 챗GPT가 만들어 주는 코드가 문제라기보다, 그 코드를 '이해하지 않고 받아들이는 자세'가 문제인 것이다.

도움을 받는 것은 괜찮다. 하지만 스스로 이해하고, 문제를 추적하고, 직접 고칠 수 있는 능력은 절대 포기해서는 안 된다. AI 도구를 단순한 자동 완성 수단이 아니라, 함께 고민을 나누는 조력자로 삼는 태도가 필요하다. 결국 코드를 이해하고, 직접 디버깅할 수 있는 힘이 있어야 진짜 실력이 쌓인다. 코딩은 창의성과 집요함의 싸움이다. 문제를 바라보는 시각, 새로운 해결 방법을 떠올리는 창의성도 필요하지만, 무엇보다 중요한 것은 끈기 있게 문제를 파고드는 태도다. 처음에는 복잡하게 보이던 문제도, 한 줄씩 점검하고 실험해 보면 반드시 해결의 실마리가 보인다. 그 과정을 견디고 반복할 줄 아는 힘이, 코딩 실력을 결정짓는다.

05
AI의 기준, 윤리

AI는 판단을 흉내 내지만, 가치 판단은 하지 않는다. 즉, AI는 정답을 줄 수 있어도, 옳은 답은 인간이 정해야 한다. 기술이 점점 인간의 결정을 대신하는 시대, 윤리는 필수가 되고 있다. “할 수 있는가?”만이 아니라 “해도 되는가?”라는 질문이 필요하다.

AI와 아이돌?

편향된 데이터

AI는 과거 데이터를 바탕으로 미래를 예측하는 도구로 여겨진다. AI가 다루는 데이터는 단순히 시간의 흐름을 따라 과거에서 미래로만 향하는 것이 아니다. 기존의 데이터를 통해 아직 등장하지 않은 새로운 데이터, 즉 인간이 이전에 경험하지 못한 상황에 대해서도 예측하고 판단한다.

이 과정에서 전제되는 조건은 과거의 데이터가 공정하고 중립적이어야 한다는 믿음이다. 하지만 현실의 데이터는 그 자체로 이미 사회적 맥락과 인간의 판단, 편견이 담긴 결과물이다. 따라서 아무리 정교한 알고리즘이라고 해도, 편향된 데이터를 학습하면 편향된 판단을 내릴 수밖에 없다.

대표적인 사례로는 채용 과정에서 발생한 AI의 성별 편향이 있다. 과거의 채용 데이터를 학습한 시스템이 여성 지원자의 이력서를 자동으로 불리하게 평가하거나, 특정 인종의 범죄 가능성을 과도하게 예측한 범죄 예측 알고리즘도 있었다. 이러한 결과는 AI가 객관적이라는 기대와는 다르게, 오히려 인간 사회의 불공정함을 고스란히 복제하거나 더 강화할 수 있음을 보여 준다.

AI는 데이터를 기반으로 학습하지만, 그 데이터는 결

국 인간 사회의 축적된 기록이다. 따라서 기술 자체의 정교함보다 더 중요한 것은 그 기술을 적용하는 사람의 태도다. 어떤 데이터를 수집할지, 어떤 문제를 예측할지, 어떤 기준으로 정답을 판단할지를 결정하는 사람의 선택이 AI 결과의 윤리적 기준을 결정한다.

기술 이전에 먼저 던져야 할 질문들이 있다. 이 데이터는 누구의 목소리를 담고 있는가? 혹시 중요한 시선이 빠져 있지는 않은가? 데이터에 포함되지 않은 사람들은 어떤 방식으로 배제되고 있는가? 데이터가 침묵하고 있는 부분이야말로 우리가 가장 먼저 주목해야 할 윤리적 논점이다. AI 윤리는 거창한 철학의 문제가 아니다. 현실의 불공정한 구조를 무비판적으로 받아들이지 않고, 기술로 그 구조를 어떻게 재현하거나 바꿔 갈 수 있을지 고민하는 태도다. 알고리즘이 중립적이라는 착각에서 벗어나, 질문을 설계하는 주체로서의 책임감을 갖는 것이 윤리적인 AI의 첫걸음이다.

감시와 통제의 기술?

AI 기술은 사람을 돕고 효율을 높이는 수단으로 개발되어 왔지만, 동시에 그것이 사람을 감시하고 통제하는 수단으로도 작동할 수 있다. 얼굴 인식 기술은 범죄자를 식

별하는 데 쓰일 수 있지만, 동시에 시민 전체를 감시하는 체계의 핵심 도구가 되기도 한다. 위치 정보는 편리함을 제공하는 동시에, 개인의 동선과 사생활을 실시간으로 추적하는 수단이 될 수 있다.

실제로 몇몇 국가에서는 사회적 신용 시스템이나 대규모 감시 카메라 네트워크를 통해, 시민의 행동을 자동으로 평가하고 관리하는 기술이 운영되고 있다. 이런 시스템이 정교해질수록 사람들은 스스로의 행동을 끊임없이 검열하게 되고, 표현의 자유와 이동의 자유마저 제한될 수 있다. AI 기술이 자유를 보장하는 도구가 아니라, 오히려 자유를 제약하는 장치로 작동할 수 있는 현실적인 위험이 존재한다.

이와 같은 상황에서 중요한 윤리적 질문은, 어디까지가 허용 가능한 정보 수집이고, 어디서부터가 침해인가 하는 것이다. AI 기술이 다루는 데이터의 상당 부분은 개인의 삶과 직결된 정보들이다. 정보를 수집하고 사용하는 데에는 투명성이 확보되어야 하며, 사용자에게는 명확한 설명과 동의 과정이 보장되어야 한다. 또한, 정보의 수집 목적과 사용 범위가 분명하게 규정되어야 한다.

기술은 그 자체로 선하지도, 악하지도 않다. 기술은 중립적이라는 말도 이제는 조심스럽게 사용해야 한다.

같은 기술이라도 어떻게 설계되고, 어떤 의도로 쓰이는가에 따라 전혀 다른 결과를 낳을 수 있기 때문이다. 얼굴 인식 기술이 범죄 피해자를 돕는 데 쓰일 수도 있고, 반대로 평범한 시민의 행동을 감시하는 데도 쓰일 수 있다. AI 기술의 윤리를 고민한다는 것은 결국, 기술을 어떻게 사용할지를 결정하는 사람의 책임을 묻는 일이다. 기술의 가능성만큼 그 위험도 함께 인식하고, 통제와 활용 사이에서 균형을 찾으려는 태도가 필요하다. 기술은 수단일 뿐이고, 그것이 어떤 사회를 만드는지는 전적으로 인간의 선택에 달려 있다.

책임은 누구에게?

AI가 내린 결정으로 어떤 결과가 발생했을 때, 그 책임은 누구에게 돌아가야 하는가? 알고리즘 자체인가? 그 알고리즘을 설계한 개발자인가? 아니면 이를 운영하는 조직인가, 사용하는 개인인가? AI 기술이 점점 더 많은 영역에서 실제 결정을 내리고 영향을 미치는 상황에서, 이 질문은 단순한 이론적 논의가 아니라 실제 사회적 책임 문제로 떠오르고 있다.

예를 들어 자율주행차가 교통사고를 냈다고 가정해 보자. 차량의 판단은 센서와 알고리즘의 판단에 따른 것이었지만, 그 시스템은 누군가가 설계하고 학습시킨 것이다. 이 경우 사고의 책임은 차량을 만든 회사에 있는가, 알고리즘을 만든 개발자에 있는가, 차량을 소유한 사용자에게 있는가? 또 다른 예로, 추천 알고리즘이 특정 콘텐츠를 반복적으로 보여 줌으로써 사용자의 극단적인 행동이나 피해를 유도했다면, 그 알고리즘을 설계한 플랫폼은 책임이 있는가?

이러한 질문에 명확한 정답을 내리기는 쉽지 않다. 그래서 더더욱 중요한 것은 처음부터 '책임의 주체가 누구인지'를 염두에 두고 기술을 설계하는 일이다. AI 시스템이 사회에 미치는 영향을 고려해, 책임 소재를 흐리지 않도록 설계 단계에서부터 기준을 마련하는 것이 윤리적 기술 개발의 핵심이다.

또한 조직은 AI 시스템이 내리는 결정이 인간의 삶에 미치는 영향을 예측하고, 그 결정에 대한 책임을 회피하지 않겠다는 태도를 분명히 해야 한다. "AI가 한 일이니 우리는 몰랐다"는 식의 태도는 책임을 회피하는 것이며, 사회적 신뢰를 무너뜨릴 수 있다.

AI는 스스로 판단하고 책임지는 존재가 아니다. 그 결정의 기반이 되는 데이터, 알고리즘, 설계 기준, 운영 방식 모두 인간의 손에 의해 만들어진 것이다. 따라서 결과에 대한 책임 또한 인간에게 귀속되어야 한다. 기술을 사용하는 주체, 기술을 만든 사람과 조직은 그 영향력만큼이나 무거운 책임도 함께 져야 한다. "AI는 그냥 그렇게 판단했을 뿐이에요"라는 말은 책임의 끝이 아니라, 책임의 시작이어야 한다.

인간 중심의 AI

AI가 점점 더 많은 결정을 대신하게 되는 시대, 중요한 것은 기술의 성능만이 아니다. 인간을 위한 기술인가, 인간을 위협하는 기술인가를 가르는 기준은 윤리적 원칙의 반영 여부에 달려 있다. 그 핵심에 놓인 네 가지 원칙이 바로 공정성, 설명 가능성, 책임성, 그리고 투명성이다.

공정성은 AI가 특정 집단에 불리하게 작동하지 않도록 설계되는 것을 의미한다. 데이터에 내재된 편향을 감지하고 수정하는 노력 없이는 어떤 AI도 공정하다고 말할 수 없다. 설명 가능성은 AI의 결정이 어떻게 이뤄졌는지 사람이 이해할 수 있는 형태로 제공되어야 한다는 원칙이다. 사람이 이해하지 못하는 AI는 통제 불가능한 기술이 될 수 있다.

책임성은 AI 시스템이 사회에 미치는 영향에 대해 명

확한 책임 주체를 정하는 것을 말한다. 문제가 생겼을 때, 누가 어떻게 그 책임을 질 것인가에 대한 사전적 기준이 필요하다. 투명성은 AI의 구조와 의사결정 과정이 외부에 감춰져 있지 않아야 한다는 원칙이다. 알고리즘이 블랙박스로 작동한다면, 신뢰와 검증은 불가능해진다.

이 네 가지 원칙은 단지 이론적인 선언이 아니라, 실제 기술 설계와 구현 과정에서 구체적으로 반영되어야 한다. 이를 위한 하나의 실천 방식이 '휴먼 인 더 루프(Human-in-the-loop)'라는 개념이다. 이는 중요한 결정에는 반드시 사람이 개입해야 한다는 원칙이다. 예를 들어, 의료 진단, 범죄 예측, 채용 같은 민감한 분야에서는 AI의 판단이 전부가 아니라, 인간의 최종 판단이 보장되어야 한다.

무엇보다 중요한 점은, 윤리를 개발의 마지막 단계에서 검토하는 항목이 아니라, 설계의 첫 순간부터 함께 고려해야 할 기준으로 삼는 것이다. 기술은 중립적이지 않으며, 처음 어떤 질문을 던지고 어떤 기준으로 정답을 정의했는가에 따라 그 윤리적 성격이 결정된다. 인간 중심의 AI는 사람을 위해, 사람과 함께 작동하는 기술이다. 그것은 윤리와 기술이 충돌하는 것이 아니라, 윤리가 기술의 방향을 이끄는 설계 철학에서 출발한다.

AI를 배우고, 설계하고, 활용하는 사람이라면 반드시 가져야 할 질문들이 있다. 이 기술은 누구에게 도움이 되는가? 누구를 배제하고 있는가? 내가 만든 모델이 누군가에게 피해를 줄 수는 없는가? 이런 질문들은 단순한 윤리 강령이 아니라, AI를 만드는 모든 과정에 걸쳐 반복적으로 던져야 하는 성찰의 기준이다. AI는 그 자체로 가치 판단을 하지 않는다. 어떤 기준이 옳은지, 무엇이 공정한지, 어떤 결과가 더 사람다운지를 결정하는 것은 여전히 인간의 몫이다. 그렇기 때문에 기술을 설계하는 사람의 질문이 중요하다. 질문을 바꾸면 모델이 달라지고, 모델이 달라지면 결과가 바뀐다. 결국, 기술은 그것을 만든 사람의 관점을 반영한다. 윤리는 정해진 정답을 찾아가는 문제가 아니다. 윤리는 매번 새롭게 마주치는 질문에 대해 멈춰 생각하는 태도다. 어떤 기술이 옳은가보다 어떤 사람을 위한 기술인가를 먼저 고민하는 태도가 필요하다. 빠르게 정답을 찾는 것보다, 충분히 질문을 던질 수 있는 용기가 중요하다.

06
AI의 무대, 진로 안내서

AI는 특정한 하나의 직업이 아니다. 오히려 다양한 분야의 일하는 방식과 문제 해결 방식을 바꾸는 새로운 기술이자 언어다. 그렇기에 AI를 다룰 수 있는 사람이 할 수 있는 역할도 단일하지 않다. 중요한 것은 “AI를 배운다”보다 “AI로 무엇을 해 보고 싶은가”라는 질문이다.

AI와 야구?

AI 커리어의 방향

AI를 전공한다고 하면 많은 사람들이 '개발자'를 떠올린다. 하지만 AI라는 거대한 생태계 속에서 실제로 필요한 일은 훨씬 더 다양하다. 모델을 개발하고 성능을 높이는 기술자만이 아니라, 데이터를 분석하고 정제하는 사람, 기술을 현장에 맞게 기획하고 조율하는 사람, 기술이 사회에 미치는 영향을 분석하는 사람 모두가 AI 분야의 일원이다. 즉, "AI = 엔지니어"라는 단순한 공식은 현실을 제대로 설명하지 못한다. 예를 들어, 누군가는 데이터의 흐름을 설계하고, 수집된 데이터를 정제하고 분석해 인사이트를 도출하는 '데이터 분석가'가 될 수 있다. 또 다른 누군가는 AI 기술을 어떤 서비스에 적용할지를 결정하는 'AI 기획자'로 일하며, 사용자 경험과 문제 정의에 집중한다. 모델 자체를 설계하고 최적화하는 '모델러'나 'AI 연구자'는 물론, 사회적 영향과 윤리 기준을 고민하며 AI 기술을 제도 안으로 끌어오는 'AI 정책 분석가'나 '윤리 전문가'의 역할도 점점 중요해지고 있다.

직무가 이렇게 다양해진 이유는 AI 기술이 이제는 단지 기술의 문제가 아니라, '어디에', '어떻게' 쓰느냐의 문제가 되었기 때문이다. 의료, 교육, 예술, 금융, 공공 서비스 등 삶의 거의 모든 영역에 AI가 적용되면서, 현장을 이해하고 문제를 정의하는 사람이 절실히 필요해졌다. AI 모델을 개발하는 능력만큼, 기술과 문제를 연결하고 조율하는 능력이 중요한 시대다. 따라서 AI를 전공했다고 해서 반드시 프로그래밍만 잘해야 하는 것은 아니다. 어떤 사람은 수학적 사고와 통계에 강하고, 어떤 사람은 복잡한 기술을 쉽게 풀어 설명하는 데 탁월하다. 또 어떤 사람은 기술을 둘러싼 제도와 사회적 쟁점을 민감하게 감지하는 능력을 가졌다. AI 분야는 바로 이런 '다양한 강점'을 가진 사람들이 함께 일해야 작동하는 복합적 생태계다.

결국 AI 전공자는 자신이 어떤 일에 흥미와 강점을 갖고 있는지, 어떤 관점으로 세상을 보고 싶은지를 중심으로 진로를 설계해야 한다. 이 장에서는 진출할 수 있는 여러 무대를 큰 그림으로 소개하고, 이어지는 장들에서는 산업, 연구, 창업, 삶이라는 구체적인 방향 속에서 당신의 길을 하나하나 좁혀 갈 수 있도록 돕는다. 먼저, 전체 지도를 펼쳐놓고 방향을 잡아보자.

진출 가능한 무대

AI를 전공하면 어떤 조직에서 일할 수 있을까? 가장 먼저 떠오르는 곳은 아마 대기업의 AI 팀일 것이다. 삼성,

네이버, 카카오, LG 등 국내 대기업은 자체 AI 연구 조직을 갖추고 있고, 자연어 처리, 컴퓨터 비전, 음성 인식, 추천 시스템 등 다양한 분야의 AI 모델을 실제 서비스에 적용하고 있다. 이들은 방대한 데이터와 인프라를 바탕으로 실험을 빠르게 반복하며 제품을 고도화하는 '기술 상용화'에 집중한다.

반면, 스타트업은 훨씬 작고 민첩한 조직이다. 자원이 제한되어 있지만, 특정 문제에 AI를 정밀하게 적용하는 실험 정신이 강하다. 예를 들어, 의료 영상 진단, 고객 맞춤형 마케팅, 교육 튜터링 등 좁고 깊은 문제를 겨냥해 독자적인 AI 서비스를 설계한다. 이 과정에서 구성원 한 명이 여러 역할을 담당하게 되는 경우도 많아, 도전과 학습이 빠르게 이뤄지는 환경이 된다.

정부 출연 연구 기관(ETRI, KIST, KAIST 부설 연구소 등)은 산업계보다는 장기적인 기술 개발과 기초 연구, 공공 기술 개발에 주력한다. 여기서는 기업이 당장 시도하기 어려운 고위험 연구나 사회적 파급력이 큰 기술을 다룬다. 연구원으로서 논문을 쓰거나 연구 과제를 주도하고, 기술을 통해 사회 문제를 해결하려는 공익적 비전을 가진 사람에게 적합한 무대다.

한편, 공공 기관이나 지자체 산하 조직에서도 AI 기술의 수요는 점점 늘고 있다. 스마트 시티, 대중교통 최적화, 행정 자동화 등 공공 서비스를 개선하기 위한 AI 도입이 활발해지면서, 기술 기획자, 데이터 분석가, 정책 연계 전문가 등 다양한 역할이 생겨나고 있다. 기술이 시민의 삶에 어떤 영향을 미칠지를 고민하며, 현장과 밀접하게 일할 수 있는 장점이 있다.

또 하나 주목할 만한 무대는 유엔, 경제개발협력기구(OECD), 유네스코(UNESCO) 같은 국제기구와 글로벌 테크 기업이다. 이들은 AI의 글로벌 표준과 윤리, 데이터 거버넌스 등을 논의하며 전 세계의 기술 흐름을 이끈다. 영어 기반의 협업 능력과 넓은 시야, 다문화 커뮤니케이션 역량이 중요한 자산이 된다. 즉, 'AI를 어디에서 쓸 것인가'를 고민할 때, 단순한 산업 구분을 넘어서 기관의 성격과 사회적 역할을 함께 바라보는 안목이 필요하다.

진로를 결정하기 전에 던져야 할 질문들

AI 분야에 진입하는 첫걸음에서 중요한 질문 중 하나는 "나는 기술 그 자체에 끌리는 사람인가, 아니면 기술이 해결하는 문제에 관심이 있는 사람인가?"다. 이 질문은 단순한 흥미를 넘어, 앞으로의 진로에서 어떤 역할을 맡을 것인가를 결정짓는 중요한 기준이 된다. AI라는 거대한 숲속에는 코드를 설계하고 모델을 최적화하는 사람도 있고, 그 모델을 실제 환경에 적용해 문제를 해결하려는 사람도 있다. 방향은 다르지만 둘 다 AI 생태계에 없어서는 안 될 역할을 맡는다.

기술 중심의 사람은 알고리즘을 더 잘 만들고 싶어 하고, 모델 성능의 0.1% 향상에 기쁨을 느낀다. 수학적 직관이나 컴퓨터 과학적 사고를 좋아하고, 복잡한 구조를 탐색하는 것을 즐긴다. 이런 유형의 사람은 자연스럽게 논문을 읽고 구현하며, 새로운 모델을 제안하는 연구자나 엔지니어로 성장해 간다. 추상적인 구조나 수식에 대한 거부감이 없고, 끝없는 디버깅과 반복 실험에서도 동기를 유지할 수 있는 사람에게 잘 맞는다.

반면, 문제 중심의 사람은 AI가 어디에 쓰일 수 있는지, 그것이 어떤 가치를 만들어 낼 수 있는지에 더 관심이 많다. 기술 자체보다는 '그 기술을 어디에, 어떻게 쓸 것인가'에 집중하며, 사회적 문제, 비즈니스 아이디어, 사용자 경험 등 현장의 맥락을 먼저 본다. 이들은 사용자 중심의 사고, 데이터를 통한 인사이트 발견, 팀 간 조율 능력 등 기획과 적용 역량이 강점이며, 기술을 도구로 삼아 문제 해결의 전체 흐름을 디자인한다.

중요한 건 어느 쪽이 더 우월하다는 것이 아니라, 자신이 무엇에 끌리고 어떤 일에 몰입할 수 있는지 파악하는 것이다. 기술 중심의 사람은 연구와 개발로 깊이 들어가고, 문제 중심의 사람은 연결과 해석을 통해 의미를 만든다. 많은 사람들이 처음에는 두 영역을 넘나들지만, 점차 어느 쪽에 더 오래 머물러 있는지 스스로 발견하게 된다.

AI 분야의 길은 단선적이지 않다. 기술을 이해하면서도 문제 해결에 집중할 수 있고, 반대로 현장의 문제를 경험하다가 기술을 더 깊이 파고드는 사람도 많다. 중요한 건 처음부터 완벽한 선택을 하는 것이 아니라, 나에게 맞는 질문을 던지고, 그 답을 찾아가며 방향을 조정해 나가는 것이다.

AI라는 넓고 빠르게 진화하는 분야에서 진로를 결정하는 일은 쉽지 않다. 선택지가 너무 많고, 각각 서로 다른 준비와 성향을 요구하기 때문이다. 그럴수록 먼저 해야 할 일은 외부 정보를 더 모으는 것이 아니라, 스스로에게 질문을 던지는 일이다. '어디로 가야 할까'보다 먼저 '나는 어떤 사람인가'라는 물음이 진로의 출발점이 된다. 예를 들어 자신에게 "나는 팀으로 일하는 걸 좋아하는가, 혼자 몰두하는 시간을 더 즐기는가?"라고 물어보는 것부터 시작해 보자. AI 프로젝트는 대부분 협업 기반이지만, 모델 설계나 데이터 처리처럼 깊이 있는 개인 작업이 중요한 순간도 많다. 혼자 집중할 수 있는 환경에서 더 빛나는 사람이 있는가 하면, 다양한 의견을 조율하고 소통하며 시너지를 내는 데 강점을 가진 사람도 있다. 둘 다 중요하지만, 어느 쪽이 나에게 더 자연스러운지를 아는 것이 중요하다.

또 하나의 질문은 "내가 흥미를 느끼는 문제는 어떤 종류인가?"다. 사람마다 관심의 방향은 다르다. 어떤 이는 의료나 환경처럼 사회문제에 끌리고, 어떤 이는 게임, 콘텐츠, 소비자 행동처럼 트렌디한 현상에 민감하다. 실제 AI 진로는 '기술'로 나뉘는 것이 아니라, '문제'에 대한 관심과 몰입으로 분화되기도 한다. 흥미 있는 분야에서 데이터를 접해 보고, 문제를 정의해 보는 경험이 진로 탐색에 실질적인 단서를 제공한다.

마지막으로 "연구와 실무 중 무엇에 더 끌리는가?"를 스스로 점검해 보는 것도 도움이 된다. 논문을 읽고 새로운 모델을 제안하는 데 흥미가 있는가, 아니면 실제 사용자 반응을 확인하고 제품을 개선해 가는 과정이 더 흥미로운가? 물론 많은 일은 이 둘을 넘나들지만, 자신이 어느 쪽에서 동기를 얻는지를 파악하면 나중에 더 후회 없는 선택을 할 수 있다.

이런 질문들은 당장 답이 나오지 않아도 괜찮다. 중요한 건 이 질문들을 '계속 가지고 가는 것'이다. 진로는 정해진 방향이 아니라, 질문과 경험을 통해 조금씩 다듬어지는 과정이다. 막연한 불안 대신 구체적인 질문을 품고 지금의 선택을 쌓아 가면 어느 순간 당신의 길이 자연스럽게 보일 것이다.

07
AI의 현장, 산업 융합

AI는 결국 '현실의 문제'를 풀기 위한 도구다. 그 문제는 늘 특정한 산업과 현장에서 생긴다. 의료, 금융, 교육, 예술, 제조 등 다양한 산업 분야에서 AI가 실제로 어떻게 쓰이고 있는지 사례 중심으로 살펴보며, 내 전공이나 관심 분야가 AI와 어떻게 연결될 수 있을지 생각해 보자.

AI와 운동주?

산업 속으로 들어간 AI

AI는 이제 연구실의 이론적 실험을 넘어 산업 현장의 문제를 해결하는 실전 기술로 자리 잡았다. 과거 AI는 주로 학계 중심이었으나, 현재는 의료, 금융, 고객 서비스 등 다양한 산업에서 실질적인 변화를 이끌고 있다. 예를 들어, 의료 분야의 진단 보조 시스템, 금융 분야의 이상 거래 탐지, 고객 서비스의 챗봇 등이 대표적이다. 이처럼 AI는 기술 자체보다 어디에 어떻게 적용하느냐가 핵심이며, 산업 현장과 긴밀히 연결된 실용적 접근이 중요하다. 산업 속 AI는 분야 지식과 기술 역량을 가진 이들의 협력으로 가장 큰 시너지를 발휘한다.

AI가 여러 산업에 활용됨에 따라, 각 분야에서 AI가 어떻게 쓰이는지 탐색하는 일은 진로 설계의 중요한 출발점이 된다. AI는 분야마다 다르게 적용되며, 요구되는 역량과 역할도 다르다. 따라서 기술만 이해하는 것을 넘어, 산업별 문제 해결에 AI가 어떻게 기여하는지 폭넓게 살펴보는 것이 필요하다. 분야별 사례 탐색은 자신의 흥미와 강점이 AI 기술과 만나는 지점을 발견하고, 구체적인 커리어 방향을 잡는 데 중요한 단서가 된다.

분야별 사례 탐험

의료 분야에서 AI는 진단 보조, 의료 영상 분석, 신약 개발 등 다양한 방식으로 활용되고 있다. 예를 들어, 환자의 증상과 데이터를 기반으로 질병 가능성을 예측해 주는 AI 진단 시스템은 의사의 판단을 보완하며 진단의 정확도를 높이는 데 기여한다. 또한 CT, MRI, 엑스레이 같은 의료 영상을 분석해 이상 소견을 자동으로 탐지하거나 분류하는 기술은 영상의학과에서 빠르게 확산 중이다. 신약 개발 분야에서는 수많은 화합물 조합을 시뮬레이션하고, 유망한 후보 물질을 예측하는 데 AI가 활용되며, 기존보다 훨씬 빠른 속도로 신약을 탐색할 수 있게 되었다. 이처럼 AI는 의료 현장의 효율성과 정확성을 높이는 중요한 동반자가 되고 있다.

금융 분야에서 AI는 이상 거래 탐지, 신용 평가, 알고리즘 트레이딩 등 다양한 업무에 적용되며, 정밀하고 신속한 의사 결정을 가능하게 한다. 예를 들어, 실시간으로 발생하는 거래 데이터를 분석해 비정상적인 패턴을 탐지하는 이상 거래 감지 시스템은 금융 사기를 사전에 차단하는 데 중요한 역할을 한다. 신용 평가에서는 전통적인 금융 정보뿐만 아니라 비정형 데이터를 함께 분석해 개인이나 기업의 상환 능력을 보다 정교하게 예측할 수 있다. 또한 알고리즘 트레이딩에서는 시장 데이터를 실시간으로 분석하고, 사전에 정의된 전략에 따라 자동으로 매매를 실행함으로써 인간보다 빠르고 일관된 거래를 수행한다. AI는 복잡하고 변화무쌍한 금융 환경에서 리스크를 관리하고 수익을 극대화하는 핵심 기술로 자리 잡고 있다.

자동차·모빌리티 분야에서 AI는 자율주행, 교통 관리, 스마트 모빌리티 서비스 등 혁신적인 변화를 주도하고 있다. 자율주행 차량은 카메라, 라이다, 레이더 등 다양한 센서 데이터를 실시간으로 처리해 도로 상황을 판단하고 안전하게 주행할 수 있도록 한다. AI 기반 경로 최적화와 교통 신호 제어는 도심 내 교통 혼잡을 줄이고, 대중교통의 효율성을 높이는 데 기여한다. 또한 공유 모빌리티 서비스에서는 수요 예측과 차량 배치 최적화, 사용자 맞춤형 서비스 제공에 AI가 핵심 역할을 한다. 이처럼 AI는 자동차 산업뿐 아니라 도시 전체의 이동 방식을 혁신하며, 더 안전하고 편리한 교통 환경 조성에 중요한 축으로 자리 잡고 있다.

제조·물류 분야에서 AI는 공정 최적화, 수요 예측, 불량 검출 등 생산성과 효율성을 높이는 데 핵심적인 역할을 하고 있다. 공정 최적화에서는 센서 데이터와 생산

이력을 분석해 설비 운전 조건을 자동으로 조정하거나, 생산 흐름을 최적화하는 데 AI가 활용된다. 수요 예측에서는 과거 판매 데이터와 외부 요인을 종합해 미래의 수요를 정밀하게 예측함으로써 재고 관리와 자원 배분의 효율성을 높일 수 있다. 또한 불량 검출에는 이미지 인식 기술이 도입되어, 제품 표면의 결함이나 조립 상태의 이상을 실시간으로 감지하고 분류하는 시스템이 빠르게 확산되고 있다. 이처럼 AI는 제조 현장의 품질을 높이고, 물류 전반의 운영을 더 민첩하고 정교하게 만드는 데 기여하고 있다.

바이오 · 화학 분야에서도 AI의 활용은 빠르게 확산되고 있으며, 실험의 효율성을 높이고 연구 개발 속도를 가속화하는 데 중요한 역할을 하고 있다. 신약 후보 물질을 탐색하거나, 단백질 구조를 예측하고, 유전자 데이터를 분석하는 작업은 전통적으로 시간이 많이 걸리고 반복적인 실험이 필요했지만, AI는 이를 데이터 기반으로 모델링해 탐색 공간을 좁히고 성공 확률을 높이는 데 기여하고 있다. 화학 분야에서는 분자 구조의 특성을 예측하거나, 반응 경로를 시뮬레이션하고, 신소재 개발에 필요한 후보 조합을 빠르게 도출하는 데 AI가 활용된다. 특히, 실험 데이터를 학습한 AI 모델은 반복 실험 없이도

조건 최적화와 결과 예측을 가능하게 만들어, 연구자들의 직관과 경험을 보완하는 디지털 실험 파트너로 주목받고 있다. 이처럼 AI는 복잡한 생명 현상과 화학 반응을 정량적으로 이해하고 응용할 수 있도록 돕는 도구로서, 연구 혁신의 속도를 비약적으로 높이고 있다.

교육 분야에서 AI는 개인 맞춤형 학습 추천, 자동 채점, 학습 분석 등 다양한 방식으로 학습의 질과 효율을 높이고 있다. 개인 맞춤형 학습 시스템은 학습자의 수준, 학습 이력, 선호도 등을 분석해 가장 적절한 콘텐츠와 학습 경로를 제안하며, 자동 채점 기술은 객관식뿐 아니라 단답형, 서술형 문항에도 적용되어 교사의 평가 업무를 줄이고 학습자에게 신속한 피드백을 제공한다. 학습 분석은 학습자의 진도, 참여도, 이해도 등을 실시간으로 추적해 학습 중단 위험을 예측하거나 수업 내용을 개선하는 데 활용된다. 또한, 언어 교육 분야에서는 음성 인식과 자연어 처리 기술을 바탕으로 발음 교정, 회화 훈련, 문법 오류 교정 등이 자동화되어, 학습자가 시간과 장소에 구애받지 않고 보다 풍부하고 상호작용적인 학습 경험을 누릴 수 있게 되었다. 이처럼 AI는 전통적인 교육 방식을 보완하고 확장하면서, 학습자 중심의 새로운 교육 패러다임을 열어 가고 있다.

예술 · 창작 분야에서는 AI가 음악 작곡, 이미지 생성, 스타일 변환 등 창의적인 작업에 새로운 가능성을 열고 있다. AI 기반 작곡 도구는 기존 음악 데이터를 학습해 다양한 장르와 분위기의 음악을 자동으로 만들어 내며, 작곡가의 아이디어를 보완하거나 영감을 주는 역할을 한다. 이미지 생성 기술은 텍스트 설명을 바탕으로 그림을 그리거나, 사진을 예술작품 스타일로 변환하는 등 시각 예술 분야에서 활발히 활용되고 있다. 스타일 변환 기술은 고전 명화의 화풍을 현대 사진에 적용하거나, 특정 아티스트의 독특한 표현 방식을 재현하는 데 사용된다. 이처럼 AI는 예술가와 창작자가 전통적 한계를 넘어 새로운 표현 방식을 탐구할 수 있도록 지원하며, 창작 과정에서 협력적 파트너로서 점차 중요한 위치를 차지하고 있다.

이 밖에도 AI는 스마트 시티와 환경 관리, 소매 · 유통, 법률 · 행정, 게임 · 엔터테인먼트 등 다양한 영역에서 혁신을 이끌고 있다. 스마트 시티에서는 에너지 효율화와 환경 모니터링을 통해 지속 가능한 도시를 만드는 데 AI가 활용되며, 소매 · 유통 분야에서는 개인화 마케팅과 재고 관리로 고객 경험과 운영 효율성을 높이고 있다. 법률 · 행정 분야에서는 문서 자동화와 정책 분석이 업무 생산성을 높이는 데 기여하며, 게임·엔터테인먼트 산업에서는 AI가 게임의 난이도 조절, 사용자 경험 개선, 콘텐츠 생성 등에 적극 활용되고 있다. 이렇게 AI는 우리 삶의 거의 모든 영역에서 그 영향력을 확장하며, 앞으로도 새로운 기회와 도전을 만들어 갈 것이다.

전공과 AI의 연결 고리

AI는 특정 기술이나 분야에 국한되지 않고 거의 모든 전공과 연결되는 융합의 핵심 키워드다. 따라서 "내 전공과 AI는 어떤 접점이 있을까?"라는 질문은 AI 시대 진로 설계의 중요한 출발점이다. AI를 효과적으로 활용하려면 기술과 현실 문제를 연결하는 능력이 필수적이기에, 도메인 전공자가 AI 기술을 배우는 것과 AI 전공자가 도메인 지식을 익히는 것은 매우 중요하다.

도메인 전공자가 AI를 배우는 이유는 자신이 전문성을 가진 분야에서 AI를 통해 혁신적인 문제 해결을 이루기 위해서다. 예를 들어 의료 전공자는 AI 기반 진단 보조 시스템 개발을 위해 의학 지식과 AI 기술을 결합해야 하며, 제조·물류, 교육 전공자도 각 분야의 특성에 맞는 AI 활용 능력을 키워야 한다. 이렇게 도메인 지식 위에 AI 역량을 쌓으면 복잡한 문제를 더 효과적으로 다룰 수 있다. 반대로 AI 전공자가 도메인 지식을 습득하는 이유는 AI 기술을 현실 문제에 맞게 맞춤 설계하고 적용하기 위해서다. 예를 들어 AI 전문가가 바이오·화학이나 금융 분야의 전문 지식을 배우면, 그 분야에 최적화된 AI 설루션을 개발할 수 있다. 이처럼 AI 기술과 도메인 지식은 서로를 보완하며 함께 성장한다. 결국 AI 시대에 경쟁력을 갖추려면 두 영역을 균형 있게 발전시키는 것이 핵심 전략이다. 어떤 전공이든 AI와의 접점을 고민하고 준비하는 노력이 진로를 더 탄탄하게 만든다.

따라서 진로를 계획할 때 전공과 AI의 접점을 탐색하는 방법은 크게 두 가지로 나눌 수 있다. 첫째, 도메인 전공자가 AI 기술을 배우는 경우다. 의학, 공학, 경영, 교육 등 전문 지식을 바탕으로 AI를 익혀 해당 분야 문제를 해결하는 데 활용한다. 예를 들어, 의료 전공자는 AI를 이용해 진단 보조 시스템을 개발해 정확도와 효율성을 높인다. 제조나 물류 전공자는 공정 최적화 알고리즘을, 교육 전공자는 맞춤형 학습 추천 시스템 설계에 AI를 활용한다. 탄탄한 도메인 지식 위에 AI 기술을 쌓으면 현장 문제 해결력을 키울 수 있다.

둘째는 AI 전공자가 특정 도메인 지식을 배우는 경우다. AI는 현실 문제 해결을 위한 도구이기에, 대상 분야에 대한 전문성이 뒷받침되어야 좋은 결과를 낼 수 있다. 예를 들어 금융 분야에 관심이 있는 AI 전문가라면 시장 규제, 구조, 위험 관리 등을 깊이 이해해 알고리즘 트레이딩이나 신용 평가에 신뢰도 높은 AI 설루션을 적용할 수 있다. AI 기술과 도메인 지식은 서로 보완하며 함께 성장한다. 두 영역을 균형 있게 발전시키는 것이 AI 시대 경쟁력의 핵심이다.

08
AI의 전문가, 모델러와 연구자

AI의 핵심은 모델이다. 그 모델을 설계하고, 학습시키고, 개선해 나가는 일은 단순한 사용자가 아닌 '전문가'의 몫이다. 모델 개발을 주도하는 사람들의 세계를 들여다보자. 이들은 어떤 고민을 하고, 무엇을 공부하며, 어떻게 일할까? AI를 깊이 파고들고 싶은 사람이라면, 대학원 진학, 연구 실무, 글로벌 무대 진출이라는 세 가지 현실적인 경로를 살펴보며 나만의 방향을 설계할 수 있다.

AI와 한의학?

모델의 설계자, AI 모델러란?

모델러는 AI 세계의 '맞춤형 설계자'라고 할 수 있다. 단순히 정해진 도구를 사용하는 데 그치지 않고, 주어진 데이터와 목표에 딱 맞는 최적의 AI 모델을 직접 설계하고 실험한다. 마치 퍼즐 조각을 맞추듯, 모델의 구조와 작동 원리를 깊게 파악해 성능을 끌어올리기 위해 다양한 방법을 시도한다. 하이퍼파라미터를 조정하고, 새로운 알고리즘을 도입하며, 데이터 전처리부터 결과 분석까지 세심하게 다듬는 과정을 거친다. 이런 끊임없는 도전과 창의적인 문제 해결 덕분에, 모델러는 AI 프로젝트에서 가장 중요한 역할 중 하나로 손꼽힌다. 즉, AI가 단순한 기술을 넘어 실제 가치를 창출하도록 만드는 숨은 주인공이다.

연구자가 다루는 질문들은 호기심과 탐구 정신으로 가득하다. 예를 들어, "왜 이 모델은 이렇게 작동할까?"라는 근본적인 원리를 파고들면서, "어떻게 하면 더 적은 데이터로도 더 정확하게 예측할 수 있을까?"를 고민한다. 동시에 "엄청나게 큰 데이터를 효율적으로 처리하려면 어떻게 해야 할까?"와 같이 방대한 정보 속에서 의미 있는 결과를 뽑아내는 방법에도 관심을 기울인다. 여기에 더해 "모델을 더 빠르고 가볍게 만들어 연산 효율을 높일 방법은 무엇일까?"라는 질문을 던지며, 성능과 효율성 사이에서 최적의 균형을 찾으려고 한다. 또한 "모델의 결정 과정에서 편향이나 오류를 줄이려면 어떻게 해야 할까?", "AI가 보다 설명 가능한 판단을 내리도록 만들려면 어떤 접근법이 필요할까?" 같은 고민도 함께 이어진다. 이처럼 연구자는 AI의 작동 원리부터 현실 문제 해결까지 폭넓은 질문을 통해 한계를 넘어서는 혁신을 추구한다.

대학원 진학: 이론과 실험의 훈련소

모델러가 되고 싶다면 보통 어떻게 커리어를 시작할까? 많은 경우 대학원 진학이 그 출발점이 된다. 학부 과정에서는 AI의 기본 이론과 다양한 기술을 폭넓게 배우지만, 단순히 기존에 만들어진 모델을 활용하고 응용하는 데 그치기 쉽다. 반면, AI 모델 자체를 새롭게 설계하고 개선하는 모델러가 되고 싶다면, 더 깊이 있는 지식과 실험 경험이 필요하다.

AI 분야는 매우 빠르게 발전하며, 모델의 작동 원리를 깊이 이해하고, 대규모 데이터를 효율적으로 다루며, 창의적인 알고리즘을 개발할 수 있는 능력이 필수적이다. 특히 다른 전공 분야와 달리 이론과 실습, 연구가 긴밀하게 연결되어 있어, 체계적이고 심층적인 학습과 경험이 요구된다.

대학원에서는 최신 연구 동향을 접하고, 전문 연구자와 함께 직접 실험하며 모델을 설계하고 개선하는 과정을 경험할 수 있다. 이런 과정은 단순한 기술 습득을 넘어 문제 해결 능력과 창의적 사고를 키우는 데 매우 중요하다.

따라서 AI 분야에서 대학원 진학은 단순히 학위를 위한 선택이 아니라, AI 모델러로서 차별화된 경쟁력을 갖추고, 빠르게 변화하는 AI 산업에서 주도적인 역할을 하기 위한 필수적인 과정이다.

AI 분야 대학원 진학을 고민할 때, 어떤 점들을 고려해야 할까? 먼저, 어떤 주제를 연구하고 싶은지를 정해야 한다. 자연어 처리, 컴퓨터 비전, 생성 모델 등 관심 분야에 따라 지원할 연구실이나 지도 교수의 선택이 달라지기 때문이다. 또한, 자신의 전공과 AI가 어떻게 연결되는지를 고민해야 한다. AI 대학원은 컴퓨터공학, 전산, 통계 등 전통적인 전공뿐 아니라 전기전자, 바이오, 뇌과학 등 다양한 융합 전공이 존재하며, 자신의 학문적 기반과 AI 기술을 어떻게 접목할 수 있을지 파악하는 것이 중요하다. 다음으로, 석사와 박사 과정의 차이를 이해해야 한다. 석사는 실무 중심의 경험을 쌓기에 적합하고, 박사는 이론적이고 깊이 있는 연구를 통해 새로운 지식을 만들어 내는 데 초점을 둔다. 마지막으로, 연구 환경과 지원 시스템도 고려해야 한다. 수학 · 통계 기초, 프로그래밍 교육, 연구 인프라(GPU 서버 등), 기업과의 공동 연구나 인턴십 기회가 얼마나 잘 갖춰져 있는지 확인하는 것이 필요하다.

AI를 '깊게' 공부하고 싶은 사람이라면, 반드시 박사까지 가야 하는 걸까? 꼭 그렇지는 않다. AI 분야에는 연구 중심의 실무자들도 많으며, 석사만으로도 전문성을 갖추고 기업에서 의미 있는 역할을 수행할 수 있다. 중요한 것은 학문적 깊이와 실용적 문제 해결 사이에서 나에게 맞는 균형을 찾는 것이다. 이론과 원리를 깊이 탐구하며 새로운 지식을 만드는 데 흥미가 있다면 박사 과정이 적합할 수 있고, 실제 문제에 AI를 적용하고 성능을 개선하는 데 흥미가 있다면 실무 중심의 커리어도 충분히 의미 있다. 깊이라는 것은 단지 학위의 길이가 아니라, 내가 어느 지점에 몰입하고 싶은가에 대한 선택이다.

연구 실무: 기업에서 연구하기

AI 연구는 더 이상 학계에만 머무르지 않는다. 이제 많은 기업이 자체적인 연구소를 두고, 실제 서비스에 적용 가능한 AI 기술을 직접 개발하고 있다. 네이버, 카카오, 삼성, LG 같은 국내 대기업은 물론이고, 구글(Google), 딥마인드(DeepMind), 메타(Meta), 마이크로소프트(Microsoft), 오픈AI(OpenAI)처럼 세계적인 테크 기업들도 AI 연구에 막대한 자원을 투자하고 있다.

이런 기업 연구소에서는 연구자들이 논문만 쓰는 것이 아니라, 연구 결과가 실제 제품이나 서비스로 이어질 수 있도록 기획하고 실험한다. 예를 들어, 자연어 처리 모델을 고도화한 결과가 검색 정확도를 높이거나 추천 시스템의 품질을 개선하는 데 직접 쓰이기도 한다. 음성 인식, 이미지 생성, 기계 번역, 고객 응대 자동화 등 일상 속 기술로 전환되는 과정에서 실무와 연구는 매우 밀접하게 연결된다.

이들이 하는 일은 생각보다 학문적인 색채를 많이 띠는 편이다. 국제 학회에 논문을 발표하고, 특허를 출원하며, 연구 성과를 기반으로 서비스를 설계하는 일이 주요 업무 중 하나다. 실제로 많은 기업들은 논문 한 편이 수익 모델로 연결될 수 있도록 연구와 비즈니스 사이의 가교 역할을 중시한다. 예를 들어, 구글 연구진은 2017년 "Attention is all you need(어텐션이 전부다)"라는 제목의 기념비적인 논문에서 트랜스포머(Transformer) 모델을 소개했다. 이 논문은 이후 자연어 처리 전반의 패러다임을 바꾼 사례로, 이를 기반으로 한 버트(BERT), GPT 모델은 검색, 번역, 챗봇 등 다양한 서비스에 바로 활용되고 있다.

또한 기업 연구는 연구자에게 실질적인 제약과 목표를 제시하는 활동이다. '얼마나 정확한가?'뿐 아니라 '얼마나 빠르고 가볍게 동작하는가?', '실제 사용자가 어떻게 반응하는가?' 같은 실전적인 문제들을 해결해야 하는 과정이다. 이런 맥락에서, 기업 내 연구자는 연구자로서의 깊이와 동시에 실무 감각도 함께 갖춰야 하는 존재다. 기업에서의 AI 연구는 '실용적인 최첨단'을 만들어 가는 작업이다. 논문이 끝이 아니라 시작이 되는 곳, 그리고 아이디어가 곧 제품이 되는 현장이다. 이곳에서는 연구자와 개발자, 기획자, 디자이너가 한 팀이 되어 AI의 가능성을 현실로 바꾸는 역할을 수행한다.

이와 더불어, 기업에서의 연구는 "실제로 돌아가는 AI"를 만드는 일이다. 모델이 아무리 뛰어나도 비용이나 연산 속도가 맞지 않으면 도입되지 않는다. 따라서 기업 연구는 항상 실용성과 성능, 확장 가능성을 함께 고려해야 한다. 이 과정에서 연구자, 개발자, 기획자, 데이터 분석가 등 다양한 전문가들과 협업하게 된다. AI 연구는 더 이상 학문만의 영역이 아니다. 다양한 산업 현장에서 실제 문제를 해결하는 데 AI 연구가 필요한 시대다. 이 흐름 속에서, 기업 내 연구자들은 기술과 산업의 다리를 잇는 중요한 역할을 맡고 있다.

글로벌 무대: 언어와 실력의 두 날개

AI 분야에서 세계적인 연구자로 성장하고 싶다면, 글로벌 무대에서의 활동은 선택이 아닌 필수가 된다. 해외 대학원 진학이나 박사 후 연구원(포닥) 과정을 통해 다양한 연구 환경을 경험하고, 최전선에서 활약하는 연구자들과 교류할 수 있다. 특히 ICML(국제머신러닝학회), NeurIPS(신경정보처리시스템학회), ICLR(표현학습국제학회), CVPR(컴퓨터 비전 및 패턴 인식 컨퍼런스) 등 주요 국제 학회에서 논문을 발표하거나 참석하는 경험은 큰 자산이 된다. 이러한 기회를 통해 자신의 연구를 널리 알리고, 피드백을 받고, 공동 연구로 이어질 수 있는 네트워크를 형성할 수 있기 때문이다.

글로벌 무대에 참여하기 위해서는 영어 논문 작성 능력과 더불어, 학술 커뮤니케이션 능력도 중요하다. 자신의 아이디어를 명확하게 정리하고, 리뷰어와 동료 연구자들에게 효과적으로 전달하는 기술이 필요하다. 처음에는 두렵고 낯설 수 있지만, 국제 커뮤니티에 꾸준히 참여하고 질문하고 발표하면서 실력과 자신감을 함께 키울 수 있다. 결국 AI 연구에서 언어(영어)와 실력(연구능력)은 두 날개처럼 함께 갖춰야 더 멀리, 더 높이 날 수 있다.

이러한 글로벌 연구 환경에 참여한다는 것은 단순히 영어로 논문을 쓰거나 학회에 참석하는 것을 넘어서, AI 분야의 패러다임 변화와 최신 흐름을 몸으로 체감하고 그 변화에 직접 기여하는 것을 의미한다. 예를 들어, 해외 연구실이나 국제 공동 프로젝트에서는 다양한 문화적 배경과 문제 해결 방식이 자연스럽게 섞이면서 더 창의적인 아이디어가 탄생하곤 한다. 또한, 구글 리서치나 딥마인드, 메타 AI 같은 세계적인 연구 기관에서 진행되는 최신 연구를 가까이서 보고 참여하면서, AI 기술이 실제 서비스나 정책에 어떻게 연결되는지도 배울 수 있다. 글로벌 무대는 경쟁도 치열하지만, 그만큼 더 빠르게 성장하고 더 넓은 시야를 갖게 하는 토양이 된다. AI 연구자로서 더 큰 영향력을 꿈꾼다면, 언젠가는 이 무대에 도전해 보는 것을 진지하게 고려해 볼 필요가 있다.

09
AI의 기획자, 창업과 서비스

AI로 무언가를 만든다는 건 단순히 모델을 돌리는 게 아니다. 세상의 문제를 발견하고, 그 문제를 해결할 수 있는 기술을 설계하며, 사람들이 실제로 쓸 수 있는 모습으로 구현해 내는 일이다. 기술과 현실 사이의 거리를 좁히는 사람들, 즉 '기획자'의 관점에서 AI를 활용하는 법을 이야기한다. 창업, 서비스 개발, 제품 기획까지 문제를 '기술로 푸는' 전 과정을 함께 따라가 본다.

AI와 화장품?

AI를 기획하는 사고방식

AI 기술을 다룰 줄 아는 사람은 많지만, 그것을 어디에, 어떻게 쓸지 고민하는 사람은 드물다. 바로 그 간극을 메우는 사람이 기획자다. 기획자는 문제를 먼저 보고, 그 문제에 가장 알맞은 기술을 고르고 연결하는 사람이다. 단순히 AI 기술을 알고 있다는 것만으로는 좋은 서비스를 만들 수 없다. 좋은 기획자는 기술보다 먼저 '문제'를 정의하고, 데이터를 구조화하고, 사용자 흐름과 서비스 구조를 설계할 줄 안다.

예를 들어, AI 번역 서비스를 기획한다고 했을 때 단순히 번역 모델을 고르는 데서 끝나지 않는다. 어떤 사용자를 대상으로 하는지, 어떤 문맥에서 번역이 필요한지, 실시간 처리 속도는 어떤 수준이어야 하는지 등을 고려해야 한다. 질병 예측 앱을 만들고 싶다면 어떤 의료 데이터를 수집할 수 있는지, 그 데이터의 품질은 어떤지, 예측 결과를 사용자에게 어떻게 보여 줄지까지 설계해야 한다. 콘텐츠 추천 플랫폼의 경우, 사용자 행동 데이터를 어떤 방식으로 분석하고, 어떤 추천 로직이 서비스 목적에 부합하는지를 끊임없이 조정해야 한다.

AI 기획에 필요한 핵심 역량은 모델 선택 능력보다도, 문제와 데이터의 관계를 그리는 능력이다. 예측, 분류,

추천 등 기술 용어는 많지만, 그것이 어떤 데이터 구조와 목적을 통해 작동하는지 이해하고 설계할 줄 아는 사고방식이 중요하다. 예를 들어, 어떤 기능이 필요한지, 이 기능을 위해 어떤 데이터가 흘러야 하고, 어느 단계에서 모델이 개입해야 하는지, 그런 관점에서 데이터 흐름도나 기능 설계 예시를 그려 볼 수 있어야 한다. 기획자는 기술자도, 디자이너도 아니지만 둘 모두의 언어를 이해하고 연결할 줄 아는 사람이다. AI를 현실의 서비스로 녹여 내고 싶다면, 기획자로서의 시선과 언어를 익히는 일부터 시작해야 한다.

문제에서 시작하는 창업

좋은 창업은 기술보다 '문제'에서 시작된다. AI 기술이 아무리 발전해도, 그것을 어디에 어떻게 써야 할지는 여전히 사람의 몫이다. 특히 창업을 고민하는 이라면, 먼저 세상을 둘러보며 '해결되지 않은 문제'에 주목해야 한다. 예를 들어, 병원 예약이 복잡해서 환자들이 스트레스를 받는다면, 그 과정을 더 효율적으로 바꾸는 방법은 없을까? 물류 기사들이 최적의 경로를 찾느라 시간을 허비하고 있다면, 데이터를 활용해 더 나은 동선을 추천할 수는 없을까?

이처럼 사용자의 불편, 반복적인 비효율, 정보에 대한 접근 격차 등은 모두 창업의 출발점이 될 수 있다. 창업가는 기술을 만들기보다, 문제를 먼저 발견하고 질문을 던지는 사람이다. 그리고 그 질문에 대한 답을 실험해 보는 첫 단계가 바로 MVP(Minimum Viable Product, 최소 기능 제품)다. 꼭 완성된 제품이 아니더라도, 작동하는 간단한 버전을 만들어 사용자에게 보여 주고 피드백을 받는 과정이 중요하다. 문제 → 아이디어 → MVP → 사용자 반응이라는 이 흐름을 반복하며, 서비스는 점점 더 정교해지고, 실질적인 가치를 갖게 된다.

AI 창업이란 결국 "이 기술로 무엇을 해결할 수 있을까?"가 아니라, "이 문제를 해결하는 데 어떤 기술이 필요할까?"를 묻는 데서 시작된다.

인공지능 기반 창업에서도 문제를 명확히 정의하고 해결 아이디어를 작은 형태로 구현해 반복적으로 개선하는 흐름이 중요하다. 기술 중심이 아닌 문제 중심의 접근은 실제 사용자에게 의미 있는 서비스를 만드는 데 효과적이다.

그렇다면 시장에 진입할 때 어떻게 시작하면 좋을까? 가장 먼저 '누구를 위한 서비스인가'와 '어떤 문제를 해결하는가'를 명확히 하는 것이 중요하다. 성공적인 AI 서비스는 특정 사용자의 필요와 고충을 정확히 파악하고, 그에 맞는 해결책을 제시해야 한다. 예를 들어, 학생들의 학습 효율을 높이고 싶은지, 중소기업의 재고 관리를 간소화하고 싶은지에 따라 서비스 방향과 기능이 달라진다.

이때 간단한 시장 조사와 유저 인터뷰를 통해 실제 사용자의 목소리를 듣는 것이 필수적이다. 또한, 경쟁 서비스가 어떤 문제를 어떻게 해결하고 있는지도 분석하면 내 서비스가 차별화될 수 있는 부분을 발견할 수 있다. 이런 과정을 거치면서 '내 서비스가 누구에게 꼭 필요하다'는 확신을 갖게 되고, 그에 맞는 마케팅과 비즈니스 전략을 세울 수 있다. 결국, 시장 진입의 시작은 기술이 아니라 사용자와 문제에 집중하는 자세에서 출발해야 한다.

기획은 한 번에 완성되는 것이 아니다. 초기 아이디어와 설계가 항상 성공으로 이어지지 않기 때문에, 실패를 경험하고 반복하는 과정이 필수적이다. 중요한 것은 왜 사용자들이 서비스를 제대로 사용하지 않았는지 원인을 분석하는 것이다. 이를 위해 사용자 행동 데이터와 피드백을 면밀히 살피고, 문제점을 발견하면 기획을 다시 다듬어야 한다.

많은 AI 서비스가 처음에는 기대에 못 미치거나 실패하는 경우가 많지만, 이를 바탕으로 개선을 거쳐 다시 일어난 사례도 적지 않다. 실패에서 배운 점을 반영해 사용자 경험을 개선하고, 기능을 보완하거나 방향을 수정하면서 점차 시장에서 자리 잡는 것이다. 이처럼 실패와 반복은 성공적인 AI 서비스 기획의 핵심 과정이다.

AI 창업의 성장 스토리

우리나라에서도 AI 기술을 바탕으로 독창적인 문제 해결 방식을 제시하며 빠르게 성장한 스타트업 사례들이 있다. 이들은 단지 기술을 구현하는 데 그치지 않고, 일상 속 불편함이나 기존 산업의 한계를 AI로 해소하며 시장에서 의미 있는 성과를 거두고 있다.

대표적인 사례 중 하나는 영어 회화 학습 서비스 '스픽(Speak)'이다. 스픽은 전통적인 영어 교육 방식이 갖는 한계를 AI 기술로 보완했다. 사용자는 모바일 앱을 통해 AI 튜터와 실제처럼 대화하며 실력을 키울 수 있으며, 이는 학습자의 발화 데이터를 분석해 맞춤 피드백을 제공하는 구조로 되어 있다. 영어를 말할 '상대'가 없어서 학습 효과를 못 느끼는 사람들에게 스픽은 지속적으로 연습할 수 있는 환경을 제공하면서 세계적으로 주목받는 교육 기술(EdTech) 스타트업으로 성장했다. 특히 AI가 교육의 접근성을 높이고 있다는 점에서, 기술이 단순한 자동화 도구를 넘어 사용자 경험을 혁신한 사례다.

또한, 스픽은 창업 초기부터 '기술 개발'보다 제품 설계와 사용자 경험 디자인에 집중했다. 핵심 기능은 AI 튜터와의 대화, 발음 교정, 문법 피드백인데, 이를 구현하기 위해 처음부터 자체 AI를 개발하지 않았다. 대신, 오픈AI의 GPT 기술을 라이센스로 도입해 핵심 대화 기능을 빠르게 구현하고, 이를 모바일 앱에 맞는 UX(User Experience, 사용자 경험)로 제품화했다. 이러한 전략은 MVP를 빠르게 제작하고 피드백을 받을 수 있는 장점이 있었다. 실제 사용자 데이터를 통해 어떤 피드백 방식이 효과적인지, 어떤 주제에서 사용자들이 대화를 그만두는지 등을 정밀하게 분석하며 반복 개선을 거쳤다. 다시 말해, 스픽의 가장 흥미로운 지점은 AI 기술 자체를 직접 개발하지 않았음에도 고도화된 AI 서비스로 평가받았다는 점이다. 이들은 GPT 기반의 언어 모델을 활용하되, 이를 단순히 채팅 인터페이스에 붙이지 않고, 교육 목적에 맞는 사용자 시나리오, 피드백 구조, 학습 진척 관리 기능 등을 기획해 차별화된 경험으로 만들었다. 이는 앞으로의 AI 창업자들이 반드시 주목해야 할 모델로, "최신 기술을 얼마나 잘 이해하느냐"와 더불어, "그 기술을 어떻게 문제 해결에 맞게 구성하느냐"가 더 중요하다는 사실을 보여 준다.

또 하나의 사례는 AI 음성 합성 기술을 개발한 스타트업 '수퍼톤(Supertone)'이다. 수퍼톤은 실제 인물의 목소리를 정교하게 복원하거나 창작할 수 있는 기술로 주목받았다. 특히 김광석의 목소리를 AI로 재현한 사례는 큰 반향을 일으켰다. 수퍼톤은 단순한 엔터테인먼트 기술이 아니라, 음악 산업의 제작 방식 자체를 바꾸는 잠재력을 보여 주었다. 하지만 수퍼톤에 기술력은 있었지만, 이를 대중 시장에서 어떻게 활용할 것인가는 또 다른 과제였다.

이때, 수퍼톤의 가능성을 높이 평가한 하이브(HYBE)가 2024년 수퍼톤을 인수하며 케이팝(K-POP) 산업 내 AI 기술의 본격적인 도입을 선언했다. 하이브는 수퍼톤의 기술이 엔터테인먼트 산업에 새로운 가능성을 열 수 있다는 점에 주목했고, 단순한 투자나 제휴를 넘어 실제 사업화 파트너로 협업을 선택했다. 이를 통해 수퍼톤의 기술은 케이팝 콘텐츠 제작, 아티스트 음성 재현, 팬 맞춤형 음성 콘텐츠 등 하이브의 기획과 제작 시스템 안으로 들어오게 된다. 하이브는 기술이 음악 산업에 녹아들 수 있도록 기획, 콘텐츠 연계, 법적 · 윤리적 검토 등 전방위적인 상용화 전략을 수립했다. 수퍼톤이 개발한 AI는 이제 단순한 기술 데모가 아니라, 실제 앨범 · 콘텐츠에 적용되고, 팬들과의 새로운 소통 창구로 확장되고 있다. 이는 국내 AI 기술 기반 스타트업이 문화 콘텐츠 산업의 핵심 파트너로 인정받은 상징적인 사건이었다.

이처럼 우리 주변에서 출발한 작은 AI 기획 아이디어들이 실제 시장에서 사용자와 연결되고, 글로벌 스케일로 확장되는 흐름은 많은 창업 준비자들에게 현실적인 영감을 줄 수 있다. 기술 중심의 창업이 아닌 문제 중심의 창업이 왜 중요한지를 잘 보여 주는 사례들이다.

10
AI의 시대, 인간의 길

우리는 AI와 함께 살아가는 첫 세대다. 기술 중심의 세계에서 '인간다움'이란 무엇인가? 기술이 점점 더 많은 결정을 대신하게 될 때, 인간은 무엇을 해야 하는가? AI가 글을 쓰고, 그림을 그리고, 질병을 진단하고, 사업 전략을 제안하는 세상에서 우리는 어디에 서 있어야 할까? 직업을 넘어 삶의 방향을 함께 성찰한다.

종교와 AI?

우리는 '처음'의 세대

우리는 인류 역사상 처음으로 인공지능과 함께 일하고, 배우고, 결정을 내리는 세대다. 이전까지는 사람이 기술을 조종했지만, 이제는 기술이 스스로 판단하고 결과를 내놓는 시대에 들어섰다. 우리가 AI와 맺는 관계는 이제 단순한 도구 사용을 넘어 이 새로운 동반자와 함께 살아가는 방식을 고민해야 하는 시점에 와 있다. 하지만 아직 정해진 답은 없다. 누가 먼저 정확한 길을 제시해 줄 수도 없다. 바로 우리가 내리는 결정 하나하나가 다음 세대에게 기준이 될 것이다. 지금 우리는 '처음'이라는 자리에 있는 만큼, 선택에 대한 책임도 함께 가지고 있다. AI가 아무리 정교해져도, 그것을 어떤 목적에 쓰고 누구를 위해 활용할지는 결국 사람의 몫이다. 우리는 단지 기술자가 아니라, 기술과 사회를 연결하는 해석자이자 방향 설정자다. 인간다움이란 무엇인지, 내가 어떤 삶을 살고 싶은지에 대한 고민이야말로 이 시대의 진짜 질문일지도 모른다.

AI가 점점 더 많은 영역에서 사람을 대신해 판단하고 결정을 내리기 시작하면서, 우리 앞에는 새로운 질문들이 떠오르고 있다. 예를 들어, 나는 어떤 판단을 AI에 맡기고, 어떤 것은 반드시 내가 직접 해야 할까? 우리는 이미 일상 속에서 알고리즘의 추천에 따라 음악을 듣고, 뉴스를 접하고, 물건을 사고 있다. 이제 의료 진단, 채용, 사법 같은 더 민감한 영역까지 AI가 관여한다면, 그 결정에 내가 얼마나 개입해야 할까? 더 나아가, 'AI가 만든 결정에 대해 내가 책임질 수 있을까'라는 질문도 생긴다. AI가 내린 판단을 그대로 따랐을 때 결과가 좋지 않았다면, 그 책임은 누구의 것일까? 나일까, 기술을 만든 사람일까, 아니면 그저 시스템의 문제일까? 기술은 결코 중립적이지 않다는 사실이 점점 명확해지는 지금, 우리는 책임의 경계에 대해 고민할 수밖에 없다. 우리는 이렇게 묻게 된다. 자동화되는 세상에서 나의 고유한 역할은 무엇일까? AI가 할 수 없는 것은 무엇이고, 나는 어떤 가치를 더할 수 있을까? 단순한 반복 작업은 AI가 더 빠르고 정확하게 할 수 있다면 나는 어떤 창의성, 공감, 통찰, 판단력을 가져야 하는가? 이 질문들은 AI와 경쟁하기 위한 것이 아니라, AI와 함께 살아가기 위해 인간다움을 다시 정의하려는 노력에서 출발한다.

기술과 함께 '함께' 살아가기

AI는 우리의 도구이자 협력자다. 기술이 인간을 지배하거나 대체하는 것이 아니라, 서로 보완하며 함께 성장하는 관계가 되어야 한다. AI와 함께 일하고 배우며, 인간의 한계를 극복하는 동반자로 활용할 때 비로소 그 가치를 온전히 발휘할 수 있다. 기술을 단순한 기능적 수단이 아니라, 사람과 사람을 연결하는 매개체로 바라봐야 한다. AI가 사회 전반에 긍정적인 변화를 불러일으키고, 더 공정하고 효율적인 사회를 만드는 데 기여할 수 있도록 그 방향을 고민해야 한다. 결국 AI는 우리 모두가 더 나은 세상을 만드는 데 함께하는 도구가 되어야 한다. 이처럼 AI와 인간이 함께 살아가는 시대는 기술의 발전뿐 아니라, 그 기술을 어떻게 받아들이고 활용할 것인지에 달려 있다. 인간의 가치와 윤리를 중심에 두고, 기술과 협력하며 더 따뜻하고 지속 가능한 미래를 만들어 나가는 것이 우리의 과제다.

AI 시대의 시민으로 살아가기 위해서는 단순히 기술을 사용하는 능력만으로는 부족하다. 먼저, AI가 만들어내는 정보와 결과를 비판적으로 바라보는 사고력이 필수적이다. 어떤 데이터가 사용되었는지, 알고리즘이 어떻게 작동하는지, 그 한계와 편향은 무엇인지를 끊임없이 질문하고 평가할 줄 알아야 한다. 또한 윤리적 기준을 세우고 지키는 것도 중요하다. AI가 개인의 프라이버시를 침해하거나, 편견을 강화하거나, 불공정한 결정을 내리지 않도록 하는 책임은 우리 모두에게 있다. 기술 발전의 속도에 맞춰 윤리적 고민과 규범도 함께 발전시켜야 한다. 마지막으로, AI가 만드는 사회적 변화에 대해 공동체적 책임감을 가져야 한다. AI 기술이 사회 곳곳에 미치는 영향을 인지하고, 모두가 공평하게 혜택을 누릴 수 있도록 적극적으로 목소리를 내고 행동하는 시민이 되어야 한다. 이렇게 비판적 사고, 윤리적 기준, 공동체적 책임이라는 세 가지 감각이 조화를 이룰 때, 우리는 AI 시대를 건강하고 의미 있게 살아갈 수 있다.

직업이 아닌 '존재'로서의 나

AI 시대에는 '무슨 일을 할까'보다 '어떤 사람이 될까'를 먼저 묻게 만든다. 과거에는 진로 선택이 곧 직업의 종류를 의미했지만, 이제는 어떤 일은 AI가 더 잘하고, 어떤 일은 AI와 협업해야 하기에, 나의 역할과 태도를 먼저 정의하는 일이 중요해졌다. AI는 일자리를 단순히 없애는 것이 아니라, 그 형태와 본질을 바꾸고 있다. 사라지는 일이 있는가 하면, 새롭게 생겨나는 역할도 많다. 따라서 중요한 것은 어떤 기술을 배울지보다 변화에 어떻게 대응하고, 새로운 흐름 속에서 어떤 가치를 만들어 갈 수 있을지를 고민하는 일이다.

단순히 코딩을 잘하거나 데이터를 잘 다루는 기술자가 되는 것만으로는 충분하지 않다. 빠르게 바뀌는 기술 속도에 대응하면서도, 그 기술을 어떤 맥락에서, 어떤 방향으로 사용할지를 고민할 수 있는 사람이어야 한다. 이제는 '어떤 직무를 가질까'보다 '어떤 문제를 해결하는 사람인가', '어떤 기준으로 세상을 바라보는가'가 더 중요해지고 있다. AI로 인해 생겨나는 새로운 문제들을 어떻게 해석하고, 어떤 가치 기준을 세우며, 누구의 목소리를 반영할지를 결정하는 것은 여전히 사람의 몫이다.

결국 우리가 해야 할 일은 '기술을 아는 사람'이 되는 것을 넘어 '기술을 잘 사용하는 사람', 그리고 '기술을 통해 더 나은 방향을 제시할 수 있는 사람'이 되는 것이다. 따라서 AI 시대의 진짜 질문은 진로의 선택지를 고르는 것이 아니라, '내가 어떤 방향으로 성장하고 싶은 사람인가'에 있다. 이는 삶의 방식과도 이어진다. 변화의 속도에 휘둘리지 않으면서도 기술을 수단으로 삼아 나만의 길을 만들어 가는 사람, 바로 그런 사람이 AI 시대에 가장 오래 살아남고, 또 가장 깊이 있는 영향력을 만들 수 있다.

인간이 AI와 함께하는 시대에도 인간만이 가진 고유한 힘은 여전히 중요하다. 그중 첫 번째는 공감이다. AI

가 방대한 데이터를 분석하고 패턴을 찾아내는 능력은 뛰어나지만, 진심으로 상대방의 마음을 이해하고 느끼는 것은 인간만이 할 수 있다. 공감은 단순한 정보가 아니라 감정을 읽고 소통하는 능력이다. 두 번째는 창의성이다. AI는 주어진 데이터를 바탕으로 새로운 결과물을 만들어 내지만, 전혀 존재하지 않는 것들을 상상하고 서로 연결하는 힘은 인간의 몫이다. 창의성은 혁신을 이루는 원동력이며, 인간만의 독특한 사고방식에서 나온다. 마지막으로 성찰이다. 기술이 발전할수록 우리는 그것이 가져올 영향과 의미에 대해 끊임없이 질문하고 고민해야 한다. AI의 활용 방식과 윤리, 사회적 책임에 대해 멈추지 않고 반성하는 태도가 인간다운 미래를 만드는 열쇠가 된다. 이러한 공감, 창의, 성찰은 AI 시대에도 인간이 빛날 수 있는 근본적인 힘이다.

미래는 멀리 떨어진 어딘가에 정해져 있는 목적지가 아니다. 지금 이 순간 내가 내리는 선택과 행동들이 모여 만들어 가는 흐름일 뿐이다. AI 시대라고 해서 이 원칙이 달라지지 않는다. 오히려 빠르게 변하는 기술 속에서 나의 방향을 스스로 정하는 일이 더 중요해졌다. AI가 많은 일들을 대신할수록, '나는 어떤 사람으로 살아갈 것인가' 라는 근본적인 질문이 더욱 커진다. 단순히 직업을 고르는 것을 넘어서, 내가 어떤 가치와 태도를 가지고 살아갈지 고민해야 한다. 어떤 삶을 지향할지, 어떤 영향을 남기고 싶은지를 묻는 것이 결국 나의 길을 만드는 시작점이다. 그래서 AI 시대의 진로와 삶은 미래의 어느 한 시점에 결정되는 것이 아니라, 지금 여기서부터 내가 무엇을 선택하고 어떻게 행동하느냐에 달려 있다. 나의 길은 결국 지금 이 순간, 바로 여기에서 시작된다.

AI 시대가 도래했지만 결국 우리에게 가장 중요한 질문은 변하지 않는다. 바로 "나는 어떤 삶을 살고 싶은가?"라는 것이다. 기술이 아무리 발전해도, 그 중심에는 여전히 '나'라는 존재가 있고, 내가 어떤 가치를 추구하며 어떤 방향으로 나아갈지 결정하는 것은 나 자신이다. AI가 우리의 일상과 일터를 변화시키는 가운데, 우리는 단순히 효율성과 성과에만 집중하기보다 삶의 의미와 목적을 깊이 고민해야 한다. 어떤 사람으로 성장할지, 어떤 관계를 맺을지, 어떤 사회에 기여할지에 대한 선택은 결국 개인의 내면에서 출발한다. 이 질문에 대한 답은 각자의 경험과 생각에 따라 달라지겠지만, 중요한 것은 지금 이 순간 스스로에게 묻고, 그에 따라 행동하며 자신만의 길을 만들어 가는 것이다. AI와 함께하는 미래에서도 인간다움과 자아의 주체성은 결코 사라지지 않는다.

장혜진

한국외국어대학교 AI데이터융합학부 조교수로 재직 중이다(2024~). 동국대학교 산업시스템공학과를 졸업하고 같은 대학교 산업시스템공학과에서 석사(2014~2016), 박사학위(2018~2022)를 취득했다. 이후 미국 조지아공과대학교에서 박사후연구원(2022~2024)으로 자율 주행 기술과 관련한 대규모 데이터 구축, 과학기술 정책 분석을 위한 데이터 마이닝 기법 개발 등 공동 연구를 수행했다. 설명 가능한 인공지능과 데이터 마이닝을 기반으로 제조, 금융 등 여러 산업 분야의 문제를 해결하고 연구개발(R&D) 기획과 기술 경영의 방향을 설계하는 데 관심을 두고 있다. 연구 분야와 관련해 국제 저명 학술지 SCIE, SSCI급 연구를 10편 이상 게재했다(2021~2024).